스테이블코인의
모든 것

두사와 산입이
송두리째 바뀌는
돈의 미래

스테이블
코인의
모든 것

조진형, 이정환 지음

ALL ABOUT STABLECOIN

매일경제신문사

우리가
스테이블코인을
알아야 하는 이유

하루에도 수백 건에 이르는 스테이블코인^{Stablecoin}* 관련 소식이 뉴스 헤드라인을 장식한다. 미국 정치권에서는 스테이블코인을 허용하는 법안을 통과시키는가 하면, 유력 금융사와 테크 기업들이 앞다투어 자사에 특화된 스테이블코인을 내놓는다. 우리나라에서도 스테이블코인 발행과 규제를 명시하는 법안들이 쏟아지고 있다. 그야말로 전 세계적인 스테이블코인 열풍이다.

새로운 금융 상품이나 가상자산이 세상에 등장하면 대중의 관심은 늘 뜨겁다. 하지만 스테이블코인은 뭔가 다르다. 왜 그럴까?

가상자산인 비트코인^{Bitcoin}이 대중 앞에 모습을 드러낸 지 벌써 10년이 넘었다. 그동안 비트코인은 꾸준한 관심을 받아왔다. '디지털 금'

---

* 가상자산의 가격 변동성을 줄이기 위해, 달러 등 법정화폐, 혹은 금·국채 같은 안정적 자산에 가치를 연동시킨 암호화폐.

이라는 이름으로 수많은 기관과 개인 투자자에게 주목받았고, 실제로 가치 저장 수단과 투자 수단으로 역할을 해냈다. 그러나 한계도 분명했다. 비트코인이 결제 수단으로 확장되지 못하면서 그 지위가 더 높아지지 못했던 것이다.

스테이블코인은 다르다. 일상생활과 비즈니스에 훨씬 더 밀착될 수 있다. 비트코인의 극심한 가격 변동성과 밸류에이션의 불안정성 때문에 많은 기업과 개인이 결제나 거래 수단으로 사용하기를 주저했지만, 스테이블코인은 화폐에 연동된 구조 덕분에 그런 우려가 덜하다. 24시간 거래, 빠른 국제 송금, 낮은 수수료 같은 블록체인의 장점은 그대로 살리면서도 실생활에 적용할 수 있는 것이다. 가상자산이면서도 동시에 통화의 새로운 표준으로 자리 잡을 가능성을 품고 있는 셈이다. 글로벌 금융 질서라는 관점에서 보면, 스테이블코인이 비트코인보다 훨씬 더 큰 파급력을 지니고 있음은 분명하다.

스테이블코인이 어느 날 갑자기 하늘에서 떨어진 것은 아니다. 곰곰이 따져보면, 오늘의 글로벌 경제와 사회 구조가 스테이블코인의 등장을 부른 셈이다. 2020년 발발한 코로나19는 비대면 결제와 디지털 금융 서비스의 필요성을 앞당겼고, 각국 중앙은행은 앞다투어 디지털화폐 발행을 검토하기 시작했다. 굳이 강조하지 않아도 스테이블코인은 이미 그 실용성을 증명하고 있다.

또 하나 중요한 점이 있다. 비트코인과 달리, 스테이블코인은 별다른 저항 없이 정치권과 기업, 그리고 개인에게 받아들여질 수 있었다. 그 근본적인 이유는 전통 금융 시스템과의 높은 호환성 덕분이다. 스테이블코인은 전통 금융의 대안이 아니다. 오히려 기존 시스템을 '업그레이드'하는 수단으로 쓰일 수 있다. 이로 인해 규제 당국이나 금융권의 반발은 줄어들고 있고, 실제 도입 가능성은 점점 높아지고 있다. 이제 스테이블코인은 개인에게도 선택이 아닌 필수가 되어가고 있다.

《스테이블코인의 모든 것》은 스테이블코인의 발행 원리부터 비트코인과의 차이, 금리 정책과 통화 주권, 제도화 논의에 이르기까지 다양한 주제를 다룬다.

스테이블코인을 단지 금융 변화의 일부로 받아들였던 개인 투자자는 물론, 제도 도입에 따른 변화를 연구하는 기관 투자자와 정책 전문가에 이르기까지 다각적인 시각으로 스테이블코인을 이해하길 바라는 마음에서 이 책을 썼다.

먼저 1부에서는 글로벌 금융위기와 같은 사건을 배경으로, 스테이블코인의 도입 배경부터 중앙은행 디지털화폐Central Bank Digital Currency, CBDC*와의 차이, 보완성 등 기초적인 내용을 다룬다. 여기에 더해, 미국의 재정 적자와 스테이블코인의 관계, 가격 메커니즘 등 구체적인 구조도 함께 설명한다.

2부에서는 보다 거시적인 시각을 담았다. 중앙은행의 통화정책이 시장에 전달되는 메커니즘, 금리 정책과 스테이블코인 수요 간의 관

---

* 각국 중앙은행이 직접 발행하는 법정통화의 디지털 버전.

계 등을 살펴본다. 스테이블코인의 페그 유지 메커니즘을 심화 분석하고, 미국 정치권에서 관련 법안이 통과되었을 때 시장이 어떻게 반응했는지도 자세히 분석한다.

또한, 벤처 투자와 게임머니 관점에서의 활용 가능성, 미국 테크 기업들이 앞다투어 스테이블코인 발행에 나서는 이유도 함께 짚었다. 특히 FAANG[Facebook, Apple, Amazon, Netflix, Google] 기업들이 락인[Lock-in] 전략의 일환으로 스테이블코인을 주목하는 배경도 분석했다.

3부는 스테이블코인의 미래와 투자 방향에 대한 진단이다. 스테이블코인과 전통 금융의 융합 가능성을 설명하고, 발행 기반이 되는 이더리움과의 관계를 깊이 있게 살핀다. ESG 금융 측면에서 스테이블코인이 어떻게 활용될 수 있는지도 소개하며, 한국의 가상자산 정책과 원화 연동 스테이블코인의 기능성도 함께 논의한다.

마지막 4부에서는 스테이블코인의 안정성과 함께, 금융시장 내 사기 가능성, 은행 예금과 관련된 위험성과 관리 방안까지 종합적으로 짚어본다.

스테이블코인은 이제 거스를 수 없는 흐름이 되었다. 디지털 통화와 금융 변화의 중심에 선 지금, 《스테이블코인의 모든 것》이 독자 여러분의 경제와 투자 일상에 실질적인 도움이 되기를 바란다.

- 조진형, 이정환

CONTENTS

ALL ABOUT STABLECOIN

PART 1

스테이블코인이란
무엇인가?

글로벌 금융위기,
비트코인을 부르다

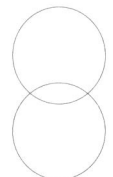

2008년 글로벌 금융위기는 세계 경제 전반에 막대한 충격을 안겼다. 미국 주택시장 거품 붕괴에서 비롯된 이 위기는 전 세계적 경기 침체로 번졌고, 대규모 금융 규제 개혁과 정치적 불만까지 불러왔다. 그 과정에서 기존 금융·화폐 시스템의 취약성이 드러나면서, 중앙은행이 관리하는 전통적 화폐 체제에 대한 의문과 새로운 대안을 모색해야 한다는 목소리가 커졌다. 비트코인과 가상자산, 그리고 스테이블 코인이 등장할 수 있었던 배경이 바로 이 2008년 금융위기였다.

부동산 버블, 세계 경제를 덮치다

금융위기의 발단은 미국 주택시장 거품의 붕괴와 서브프라임 모기지 부실이었다. 2000년대 들어 미국 주택 가격이 비정상적으로 급등하면서, 시장 전반에 대규모 주택 버블이 형성됐다. 금융기관들은 주택담보대출증권[Mortgage-Backed Securities, MBS]과 각종 파생상품을 통해 부동산 시장에 과도하게, 그리고 지나치게 복잡한 방식으로 노출되었다.

부동산 투기와 고위험 대출의 남발, 신용평가사의 무책임한 등급 부여, 정부의 금융 규제 완화가 얽히며 주택시장의 거품은 팽창했다. 저금리 기조 하에서 고위험 대출(서브프라임 모기지)이 무분별하게 늘어났으며, 이에 기반한 파생상품(CDO 등)이 복잡하게 얽히면서 금융 시스템 내 위험이 커졌다.

이러한 취약한 구조 속에서 2007년 초부터 주택 가격이 하락세로 돌아서자 부실 대출이 급증했고, 서브프라임 모기지 위기가 본격적으로 수면 위로 떠올랐다. 결국 이 부실이 유동성 위기로 번지며 글로벌 금융시장 전반에 충격을 안겼고, 주요국 중앙은행들은 시장에 긴급 유동성을 공급하기 시작했다.

유동성 위기, 신뢰를 무너뜨리다

2008년 3월, 주요 투자은행이었던 베어스턴스가 파산 위기에 몰리자, 미국 중앙은행인 연방준비제도[Fed]의 지원 아래 급히 인수되었다. 같은 해 9월, 미국 투자회사 리먼 브라더스는 끝내 파산을 신청했다. 이 사건은 금융 시스템에 대한 신뢰를 무너뜨렸고, 글로벌 주가가 폭락했으며, 각국 금융기관으로 위기가 확산되기 시작했다. 이러한 금융위기는 곧 실물경제로 번졌다. 미국의 실업률은 2007년 4.7%에서 2009

그림 1-1 · **2008년 파산한 미국 투자회사 리먼브라더스. 직원들이 회사 간판을 내리는 모습.**

년 말 10%까지 치솟았으며, 그 결과 수백만 개의 일자리가 사라졌다.

2008년 금융위기는 미국을 비롯한 각국 정부와 중앙은행의 적극적인 대응 덕분에, 이듬해 중반부터 서서히 안정을 찾아갔다. 미국은 그해 말, 7,000억 달러 규모의 부실자산구제프로그램Troubled Asset Relief Program, TARP을 시행해 금융기관의 부실자산을 인수했다. 연준은 기준금리를 제로 수준으로 인하함과 동시에 양적 완화*를 도입함으로써 대규모 유동성을 공급했다. 그 결과 연준의 대차대조표는 위기 이전 8,500억 달

---

* 중앙은행이 경기 침체나 금융위기 상황에서 금리 인하만으로는 부족할 때, 시중에 대규모로 유동성을 공급하는 비전통적 통화정책 수단.

러 수준에서 위기 대응 직후 약 4조 5,000억 달러까지 급격히 팽창하였다.[1] 가까스로 금융 시스템 붕괴라는 최악의 상황을 피할 수 있었다.

그러나 2008년 금융위기가 남긴 것은 경제적 손실만이 아니었다. 위기는 사회적 신뢰까지 무너뜨렸다. 거대 금융기관이 고위험 투자로 막대한 이익을 추구하였음에도, 막상 부실이 현실화되자 정부 지원으로 구제받는 상황을 대중은 목격했다. 이 과정에서 '이익은 사유화하고 손실은 사회화한다'라는 구조에 대한 분노가 확산했다. 2011년 미국에서 촉발된, 이른바 '월가를 점령하라Occupy Wall Street' 시위는 민심의 분출을 상징한다.[2] 시위대는 정부의 구제금융 과정에서 드러난 대기업 특혜, 금융 부문의 부정부패, 심화되는 부의 불평등에 항의하며 월가 한복판을 점거했다. 미국 보수 진영 내에서도 티파티 운동과 같이 막대한 구제금융과 정부 부채 증가에 반발하는 목소리가 터져 나왔다. 금융위기는 정치·사회적으로 기존 금융질서에 대한 광범위한 불만과 회의를 촉발시켰다.

비트코인, 반란의 신호탄

기존 시스템에 대한 불신과 반작용은 탈중앙화된 대안에 대한 관심으로 이어졌다. 2008년 위기의 한복판에서 등장한 비트코인은 그 출발점이다. 2009년 1월 나카모토 사토시가 내놓은 비트코인은 '제삼자의 개입 없이 개인들 간에 직접 송금이 가능한 전자화폐'를 구현

스테이블코인의 모든 것

한 혁신으로 평가된다. 흥미로운 점은 비트코인의 제네시스 블록(첫 번째 블록)에 새겨진 문구였다. 그 블록에는 영국 신문 〈더 타임스^{The Times}〉의 2009년 1월 3일 자 헤드라인인 '영국 재무장관, 두 번째 은행 구제금융 직전^{Chancellor on brink of second bailout for banks}'이라는 문장이 담겼다. 이는 금융위기 당시 정부가 은행들을 구제하려던 상황을 가리키는 것으로, 비트코인의 등장이 기존 금융 체제에 대한 문제의식과 반발에서 비롯되었음을 보여주는 상징적 사례다.

금융위기 이후 싹튼 탈중앙화에 대한 열망은 블록체인 기술의 발전과 맞물려 새로운 금융 패러다임의 등장을 이끌었다. 비트코인을 시작으로 수많은 블록체인 기반 가상자산들이 등장했다. 중앙기관 없이도 신뢰성을 담보할 수 있는 분산 원장 기술* 역시 주목받았다.

비트코인은 21세기형 디지털 금金을 지향하며 유한한 공급량을 특징으로 삼아, 인플레이션 우려나 통화가치 하락에 대한 헤지 수단으로 각광받았다. 더 나아가 블록체인 네트워크는 모든 거래 기록이 투명하게 공개되고 임의로 수정할 수 없기 때문에, 기존 금융기관에서 문제가 되었던 불투명성, 도덕적 해이를 기술적으로 극복할 가능성을 보여줬다. 2009년 등장한 비트코인이 탈중앙화 통화 시스템의 가능성을 입증한 이후, 2010년대 중반 블록체인 기술이 거래를 넘어 다양한 금융 및 서비스 영역으로 확장했다. 가상시장 시장이 본격화한

---

* 거래 내역이나 데이터베이스를 한 중앙 기관, 이를테면 은행, 정부 서버 등이 독점 관리하지 않고, 네트워크에 참여하는 여러 노드(컴퓨터)에 분산 저장 및 관리하는 기술.

것이다.

불안정한 코인, 안정의 길을 찾다

비트코인을 중심으로 한 가상자산은 탈중앙화 가상자산, 즉 중앙권위 없이 운영되는 디지털통화의 시대를 열었다. 하지만 그 앞에는 새로운 도전이 있었다. 가상자산 시장의 규모와 성숙도는 현실의 대규모 금융 시스템에 비하면 아직 작고 제한적이었다.

비트코인과 초기 가상자산들은 혁신적인 개념으로 주목받았다. 그러나 전통 금융권에 비해 시장의 깊이는 얕고, 구조화도 미흡했다. 최근 들어 가상자산 시장이 많이 성장했지만, 여전히 전체 금융시장 규모의 1% 수준에 불과하다.[3] 다시 말해, 가상자산 생태계는 아직 거대한 전통 금융 세계의 변두리에 머무르고 있다. 이렇게 좁은 시장에서는 적은 자금 유입에도 가격이 심하게 출렁일 수밖에 없다.

실제로 가상자산 투자자들은 극심한 가격 변동을 경험해 왔다. 하룻밤 새 비트코인 가격이 반토막 나거나, 반대로 단기간에 몇 배씩 뛰어오르기도 했다. 이러한 변동성은 단순히 투자 수익의 문제를 넘어, 가상자산이 실제 화폐로서 기능하는 데 근본적인 제약으로 작용했다.

예를 들어보자. 한 소비자가 비트코인으로 상품을 결제한다. 그런데 결제 순간에 시세가 10% 급락하면, 소비자는 부족한 금액을 추가 지불해야 할 수 있다. 반대로 하루 뒤 비트코인 가치가 20% 뛰어오르면, 전날 결제한 것을 후회하게 될 것이다. 이렇듯 가격이 들쭉날쭉한 통화로는 일상적인 상거래를 안정적으로 이어가기 어렵다.

가상자산, 변동성의 벽에 부딪히다

탈중앙화 가상자산이 더 크게 성장하고 폭넓게 쓰이려면, 투자자 신뢰와 활발한 거래를 뒷받침할 수 있는 어느 정도의 안정성이 필요하다. 그러나 비트코인처럼 가격 변동성이 큰 자산만으로는 그러한 요구를 충족하기 어려웠다.

이러한 문제의식을 바탕으로 등장한 개념이 바로 스테이블코인이다. 말 그대로 '안정적인 코인'이라는 이름의 스테이블코인은, 비트코인이나 이더ETH*처럼 시시각각 가격이 요동치는 기존 가상자산의 악점을 보완하기 위해 설계된 자산이다. 쉽게 말해, 일정한 가치 기준을 유지하도록 고안된 것이다. 탈중앙화를 꿈꿨던 가상자산은 역설적으로 초기 개발 단계의 한계와 불안정성 탓에, 전통 금융시장과의 연계가 필요해졌다. 그런 배경 속에서 스테이블코인은 가상자산 세계와 현실 금융 시스템을 잇는 가교 역할을 하게 되었다.

과거에는 가상자산으로 이익을 실현하려면 반드시 은행 화폐로 바

---

* 정확히 말하면 이더리움은 블록체인 네트워크를 말하며, 일반적으로 가상화폐로 알려진 것은 이더리움에서 발행하는 이더(ETH)다. 다만, 일반인 인식으로는 대부분 '이더리움'이라는 이름으로 통칭되고 있으며, '이더'보다 '이더리움'으로 더 잘 알려져 있다. 그러나 본 도서는 혼란을 줄이기 위하여 각 개념을 명확히 구분하여 기술하고자 한다.

꾸는 절차를 거쳐야 했다. 그러나 이제는 스테이블코인을 통해 생태계 내부에서 바로 달러와 유사한 가치를 주고받을 수 있다. 전통 금융시장에서의 자본 흐름을 가상자산 시장으로 끌어올 수 있는 구조가 만들어진 것이다. 역설적으로 스테이블코인을 매개로 자금 이동이 이루어지면서, 가상자산 시장의 유동성과 효율성도 크게 향상되었다.

안정성을 품은 코인, 스테이블코인의 탄생

스테이블코인의 출발점은 2014년으로 거슬러 올라간다. 그해, 비트셰어즈^{BitShares}는 비트USD^{BitUSD}를 통해 달러 가치에 연동된 디지털 토큰 개념을 처음 제시했다. 이어 리얼코인^{Realcoin}은 테더^{USDT}로 이름을 바꾸며, 현금과 단기 국채 등 준비자산^{reserve assets*}을 바탕으로 1:1 상환을 약속하는 모델을 내놓았다.[4]

2017년에는 메이커다오^{MakerDAO}의 DAI가 등장했다. 중앙 발행인 없이 온체인 담보와 스마트 컨트랙트^{Smart Contract**}를 활용해 1달러 가치를 유지하는 방식을 선보였다. 이로써 준비금 기반의 민간 발행형과 탈중앙 담보형이라는 두 흐름이 정립되었다.

---

* 화폐 가치나 금융 안정성을 뒷받침하기 위해 발행 주체(국가·중앙은행·스테이블코인 발행사 등)가 확보해 두는 자산.
** 블록체인에 기록된 디지털 계약으로, 특정 조건이 충족되면 별도의 중개자 없이 자동으로 실행되는 프로그램.

여기에 2018년, 서클^{Circle}과 코인베이스^{Coinbase}가 센터^{Centre} 컨소시엄을 통해 USDC를 공개하며 합류했다. USDC는 달러 현금과 단기 미국채를 기반으로 100% 준비금을 유지하고, 정기적인 제삼자 검토(어테스테이션)와 투명성 표준을 도입했다. 변동성이 심한 비트코인만으로는 결제나 회계 단위를 안정적으로 떠받치기 어려웠고, 그 빈자리를 스테이블코인이라는 새로운 형태의 디지털자산이 메우기 시작한 것이다.

오늘날의 스테이블코인 시장은 소수의 달러 연동 토큰이 사실상 과점하는 구조로 자리 잡았다. 그중에서도 USDT와 USDC가 거래의 기준 통화이자 정산 수단으로 기능하고 있다. 가상자산 내부에서는 이들이 유동성의 핵심 축이 되며, 외부와 연동할 때는 법정통화와의 연결 고리 역할을 한다. USDT가 다중 체인에시의 폭넓은 유동과 거래량으로 가상자산 생태계를 넓혔다면, USDC는 준비금 구성의 보수성, 월별 공시와 규제 친화적 프레임으로 기관·핀테크 채널에서 신뢰를 쌓아왔다. 투자자에게는 변동성 높은 자산과 현금성 가치를 오가며 리스크를 조절하는 완충재가 되고, 사업자에게는 국경을 넘나드는 저비용·실시간 결제 수단이 되는 것이다.

1코인 = 1달러, 그 믿음은 어떻게 유지되는가?

스테이블코인의 '안정'은 언제나 조건부로 유지된다. 준비자산의 질과 만기 구조, 공시의 투명성, 그리고 신속하고 예측할 수 있는 상환 메커니즘이 갖춰질 때만 '1코인 = 1달러'라는 공식이 성립한다. 이 점에서 USDC는 공개적인 보고와 감사 관행을 통해 신뢰를 제도화하고자 했다. USDT 또한 준비금 구성의 개선과 공시 강화로 시장의 요구에 응답했다.

결국 스테이블코인은 작은 가상자산 시장과 거대한 현실 금융 사이를 잇는 가교로 등장했다. 변동성을 낮추는 디지털 달러 인프라로 자리매김하고 있으며, 그 신뢰의 토대 위에서 더 큰 규모의 참여와 거래가 가능해지고 있다.

스테이블코인,
가상자산을 넘어 화폐가 되다

가상자산 시장에서 스테이블코인은 '안정성'이라는 가치를 내세운다. 비트코인과 이더리움 같은 가상자산은 가격이 급등락하는 특성이 있어 투자 수단으로는 관심을 끌지만, 일상적인 결제나 가치 서상 수난으로 쓰이기에는 어려움이 있다. 반면 스테이블코인은 가치 변동성을 최소화하도록 설계된 디지털자산이다. 미국 달러나 유로화 같은 법정화폐, 혹은 금과 같은 실물 자산에 1:1로 가치가 페깅^{pegging}된다. 이 차이가 스테이블코인과 일반 가상자산의 용도를 갈라놓는다.

디지털 금 vs. 디지털화폐

비트코인은 희소성과 탈중앙화를 중시하는 '디지털 금'에 비유될 정도로 변동성이 크고 투자 성격이 강하다. 반대로 스테이블코인은 가격이 안정된 디지털화폐로서 거래·결제·송금에 쓰이는 실용 화폐에 가깝다.

즉, 일반 코인은 가치 변동을 통해 자산을 불릴 기회를 노리는 '가치 창출' 또는 투기의 대상이 된다. 반면 스테이블코인은 법화에 고정되도록 설계되어, 기존 가치를 지장하고 전송하는 데 중점을 둔다. 물론 스테이블코인을 보유한다고 해서 코인 가격이 오르는 것은 아니므로, 이를 통해 직접적인 시세 차익을 기대하기는 어렵다. 대신 은행 예금처럼 예치하거나, 탈중앙 금융^{DeFi*}에서 운용해 이자를 얻는 방식으로 소극적인 이익을 추구할 수 있다.

반대로 비트코인이나 이더 같은 가상자산은 희소성과 네트워크 효과 덕분에 '장기적으로 가치가 상승할 것'이라는 기대 속에서 투자된다. 그리고 짧은 기간의 가격 등락을 통해 큰 투기적 이익을 노릴 수 있는 고위험·고수익 자산으로 여겨진다. 물론 이런 변동성 때문에 하루 만에 큰 손실을 볼 위험도 존재한다.

금융 시스템에서의 쓰임새도 두 자산은 다르다. 스테이블코인은 안정된 가격 덕분에 실제 화폐를 대체하거나 보완하는 결제 수단으로 각광받는다. 달러나 원화로 표시한 가격과 등가를 이루니 계산 단위$^{unit\ of\ account}$로 활용하기 수월하다. 가치 변동이 거의 없으니 물건 값을 치르거나 임금을 지급해도 수령 시점의 가치가 달라지지 않는다.

---

* 탈중앙화 금융(Decentralized Finance)의 줄임말로, 은행·증권사 같은 전통적 금융 중개기관 없이 블록체인 네트워크에서 스마트 계약(Smart Contract)을 활용해 금융 서비스를 제공하는 것.

다만 블록체인의 분산 원장 기술은 아직 한계가 있다. 다수의 거래를 동시에 처리하는 일상 거래를 모두 스테이블코인으로 대체하기는 어렵다. 그럼에도 절차가 복잡했던 일부 거래에서는 결제 수단으로 활발히 쓰이고 있다.

일상 속으로 스며드는 스테이블코인

대표적 사례가 해외 송금이다. 해외 온라인 상점에서 결제할 때나, 유학 중인 자녀에게 생활비를 보낼 때를 생각해보자. 과거에는 원화를 달러로 환전하고 은행이나 송금 서비스를 거쳐야 했다. 환전 수수료를 내고 며칠의 지연을 감수해야 했다. 그러나 미국 달러에 연동된 스테이블코인을 사용하면 이런 번거로운 절차 없이 실시간으로 저렴하게 결제와 송금을 할 수 있다. 직접 상대방의 '지갑'에 송금하는 것이다.

실례로, 중남미나 아프리카처럼 자국 통화 가치가 불안정한 지역에서는 이미 많은 사람이 달러 연동 스테이블코인으로 해외 송금이나 저축을 하고 있다. 높은 인플레이션에 시달리는 아르헨티나에서는 연 40%가 넘는 물가 상승 때문에 직장인들이 월급을 아예 달러 스테이블코인으로 받길 원할 정도다. 안정된 가치의 디지털 달러가 생활 속으로 스며들고 있는 셈이다.

달러 기반 스테이블코인은 국경을 넘어 글로벌 통용 디지털화폐로 자리매김하며, 가상자산 시장뿐만 아니라 실물 경제에서도 결제 인프라로서 잠재력을 보여주고 있다. 일반 가상자산은 가격 변동성이 크기 때문에 일상적인 상거래에 바로 쓰기 어렵고, 법정화폐처럼 회계 단위로 삼기도 부담스럽다. 반면 스테이블코인은 화폐적 속성 덕분에 교환 수단이자 회계 단위로 기능하면서, 실질적인 결제 통화에 가까워지고 있다. 이는 비트코인 같은 일반 가상자산이 여전히 거래 수단이 되지 못하고, 투자 자산이나 '디지털 금'처럼 가치 저장 수단에 머물러 있는 것과 상반된다.

가상 금융시장의 기초 통화가 되다

금융시장에서의 기능적 역할에도 차이가 있다. 스테이블코인은 암호화폐 시장과 전통 금융시장을 연결하며, 가상자산 거래소에서 비트코인이나 알트코인을 사고팔 때 기준 화폐로 쓰인다. 국내 투자자도 원화를 직접 해외 거래소로 보낼 수 없을 때, 원화로 먼저 USDT 같은 스테이블코인을 사서 이를 해외로 송금한 뒤 다른 암호화폐를 매매하는 방식을 활용한다. 이렇게 하면 글로벌 시장에서 달러와 동일한 가치를 지니는 스테이블코인을 통해 해외 자산에 자연스럽게 투자하거나 외화를 보유하는 효과를 얻을 수 있다.

가상자산을 기반으로 한 금융시장에서도 스테이블코인은 은행 계좌에 예치된 현금과 유사한 유동성 자산으로 기능한다. 스테이블코

스테이블코인의 모든 것

인을 통해 이자를 받을 수 있고, 여러 금융 서비스에서 담보나 결제 준비금으로도 활용된다. 현실에서 법정화폐가 금융 업무의 바탕이 되듯, 가상자산 시장에서는 스테이블코인이 화폐처럼 쓰이고 있다. 결국 스테이블코인은 달러 예금이나 머니마켓펀드^{Money Market Fund, MMF} 처럼 여유 자금을 보관하는 수단이자, 금융 결제 서비스에 접목하려 는 시도로 확장되고 있다.

통화정책을 흔드는 새로운 변수

마지막으로 거시경제와 통화 시스템 측면에서도 스테이블코인과 일반 가상자산은 미치는 영향이 다르다. 일반 가상자산은 시장의 수요와 공급에 따라 가격이 정해지는 일종의 재화로 인식된다. 그러나 스테이블코인, 특히 달러 스테이블코인은 다른 나라 입장에서는 사실상 외화와 다름없다. 우리나라에서 달러 연동 스테이블코인이 널리 쓰인다면, 결과적으로 미국 달러화가 국내 경제에 침투하는 효과를 낳게 된다.

예를 들어, 사람들이 원화 대신 달러 스테이블코인으로 거래하고 저축한다면, 한국은행이 금리를 올리거나 시중 유동성을 조절하더라도 그 영향력은 예전만 못할 수 있다. 이창용 한국은행 총재 역시 "비은행 권에서 발행된 스테이블코인이 통화정책의 효과를 약화시킬 수 있다" 라고 공개적으로 우려를 표한 바 있다.[5] 중앙은행이 금리를 인상해 시중 자금을 회수하려 해도, 규제를 받지 않는 스테이블코인 시장에서 민간이 별도의 달러 유동성을 확보할 수 있다면 통화정책의 파급력은 줄어들 수밖에 없다.

한편, 스테이블코인에 촉진하는 국가 간 자본 이동은 또 다른 거시 경제 이슈를 촉발한다. 전통적인 금융 규제하에 자본 유출입에는 각종 규제가 있지만, 스테이블코인은 인터넷만 연결되면 국경을 넘어 자금을 이체할 수 있으므로, 투자자들이 현지 통화를 은행에 예금하지 않고 즉각적으로 해외로 빼내 외화 표시 스테이블코인으로 바꿔둘 수 있다. 이는 평상시에는 글로벌 자금 흐름의 효율성을 높이는 긍정적 측면도 있지만, 한편으로는 금융위기나 국내 경제에 충격이 발생할 때 자본 유출을 가속하고 통화 불안을 증폭시키는 요인이 될 수 있다.

국제통화기금International Monetary Fund, IMF은 시나리오 분석을 통해, 외국 통화로 표시된 스테이블코인이 대중화된 경제에서는 충격 발생 시 달러화로의 통화 대체 현상이 빨라지고 자본유출 규모가 커지며, 중앙은행의 금리 조절 효과가 약화되어 더 큰 폭의 정책 대응이 필요해질 수 있다고 경고한다.[6] 특히 통화가치가 불안정한 신흥국들에서 이러한 위험성은 클 것이다. 물가 급등과 같은 경제 위기 시에 주민들이 재빨리 현지 통화를 팔아치우고 스테이블코인 형태로 달러를 보유하려 하면서 자국 통화의 환율이 단기간에 급격히 떨어지는 일이 발생할 가능성이 크다. 스테이블코인의 광범위한 활용은 환율시장과 국제

구분	스테이블코인	일반 가상자산 (비트코인, 이더리움 등)
가치 안정성	달러·유로·금 등 실물 자산에 1:1 연동 → 변동성 최소화	수요·공급·투기 심리에 따라 가격 급등락
주요 목적	가치 저장, 송금·결제, 회계 단위 기능	투자·투기, 가치 창출, '디지털 금'으로서의 희소성 강조
투자 성격	시세 차익 기대 어려움 (대신 예치·DeFi 운용 통한 이자 가능)	고위험·고수익 투자 자산 (장기 상승 기대 또는 단기 투기)
결제 수단 활용	일상 결제·송금 가능 (특히 해외 송금, 임금 지급, 국제 결제)	결제 수단으로는 부적합 (가격 변동성이 너무 큼)
금융 시장 역할	가상자산 ↔ 전통 금융시장 연결, 거래소 기축통화 역할 (USDT, USDC 등)	투자·저축 자산으로 사용, 화폐적 속성은 미약
경제적 성격	달러 예금·머니마켓펀드와 유사, '디지털 달러'로 기능	희소성·네트워크 효과 기반의 자산, 변동성 높은 재화
거시 경제 영향	외화 유입 효과 (예: 한국에서 달러 스테이블코인 확산 → 달러화 침투 효과)	통화정책과 직접 연계는 약함, 자산시장 변동성에 영향
리스크	담보 투명성·발행사의 신뢰성에 의존, 규제 리스크 존재	높은 가격 변동성, 투기적 손실 위험

표 1-1 · 스테이블코인과 가상자산의 차이

자본 흐름에까지 영향을 미치는 것이다.

일반 가상자산은 거시경제 영향력 면에서는 스테이블코인에 비해 직접적인 파급은 작다. 비트코인의 가격 변동이 심하다 한들 그것이 곧바로 특정 국가의 통화정책을 무력화시키지는 않는다. 물론, 가상자산 전체가 하나의 거대한 투자 시장으로 성장함에 따라 위험자산에 대한 글로벌 투자 심리에 영향을 주고받거나, 엘살바도르와 같이 일부 국가에서 비트코인을 법정통화로 채택함으로써 통화정책에 간접적 변수로 작용하는 사례는 있다. 그러나 전반적으로 가상자산은 주식이나 금과 비슷하게 투자자산 범주에서 거시경제와 상호작용하고, 스테이블코인은 준화폐로서 통화 시스템과 직결된 형태로 거시 경제적 영향력을 행사한다고 요약할 수 있다.

민간 스테이블코인 vs. CBDC, 디지털화폐의 두 얼굴

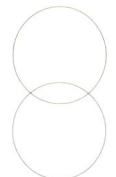

스테이블코인의 발행 주체는 누구일까? 이러한 질문에 대해 민간만 가능하다고 생각하는 이들도 있다. 하지만 각국 중앙은행은 이미 디지털화폐 발행 기능을 갖고 있다. 그렇다면 중앙은행이 디지털화폐를 발행하면 스테이블코인이 대체되는 것은 아닐까 하는 의문이 생긴다. 이때 떠올릴 수 있는 것이 바로 중앙은행 디지털화폐, 즉 CBDC다.

CBDC는 중앙은행이 직접 발행하는 공식 통화다. 이름 그대로 중앙은행이 책임지는 디지털화폐이기 때문에, 우리가 쓰는 원화나 달러처럼 국가의 법정통화 지위를 갖는다. 현금이나 예금과 같은 기존화폐와는 형식만 다를 뿐, 본질적으로 동일한 효력을 지닌다. CBDC와 민간 스테이블코인은 겉으로 보기에는 모두 '디지털 형태의 돈'처럼 보이지만, 두 개념은 출발점부터 다르다.

CBDC는 말 그대로 중앙은행이 발행하는 디지털 현금이다. 법적으로 중앙은행의 부채이자 국가가 보증하는 최종 결제 수단이므로 신용위험이 없으며, '지불이 끝나면 모든 채무가 소멸되는' 법적 최종성을 지닌다.

반대로 스테이블코인은 민간이 발행하는 달러(또는 원화) 연동 토큰으로, 보유자는 중앙은행이 아닌 발행사에 대해 상환 청구권을 갖는다. 구조적으로 '현금'보다는 '디지털 예금이나 상품권'에 가까운 셈이다. 평상시에는 1:1 상환이 원활하게 작동하지만, 위기 시에는 준비금의 질, 만기, 유동성에 따라 가격이 '1'에서 벗어나거나 디패깅 Depegging* 환매 지연이 생길 수 있다.

CBDC는 현금, 스테이블코인은 토큰

결제와 정산 방식에서도 차이가 뚜렷하다. CBDC로 결제하면 곧바로 중앙은행 화폐로 최종 결제가 이뤄진다. 반면 스테이블코인은 블록체인상 이전이 아무리 빨라도, 실제 '현금화'는 결국 발행사로부터 법정화폐로 상환받는 순간에 완성된다. 즉, 체인 위 이동은 빠르지만 최종 결제는 민간 준비금의 건전성에 달려 있다.

이런 차이는 규제 프레임에서도 갈린다. CBDC는 통화·결제 인

---

* 스테이블코인과 같은 자산이 본래 연동(peg)되어 있던 기초 자산(달러·유로·금 등)과의 가치 고정이 깨지는 현상.

프라 그 자체이므로 개인정보 보호, 거래 추적 범위, 은행 중개 기능과의 조화(예금 이탈 방지), 오프라인 결제, 접근성 같은 공공정책 설계가 핵심 과제가 된다. 반면 스테이블코인은 자금세탁방지$^{Anti-Money}$ $^{Laundering,\ AML}$, 준비자산의 구성과 공시, 상환 메커니즘, 발행자 거버넌스 등 민간 금융상품으로서의 안전장치가 감독의 초점이 된다.

거시경제 효과도 방향이 갈린다. CBDC는 원칙적으로 통화정책의 직접적인 도구가 될 수 있다. 이론적으로는 이자부 CBDC를 통해 정책 금리를 더 세밀하게 전달하거나, 비상시에 지급을 신속하게 집행하는 것도 가능하다. 즉 중앙은행이 민간이 보유한 CBDC에 이자를 지급할 수 있다는 것이다.

다만, 예금이 대거 CBDC로 이동하면 은행의 대출 기능이 위축될 수 있다. 따라서 접근 한도나 이자 설계를 통해 '공공성'과 '금융 중개'의 균형을 맞춰야 한다.

스테이블코인은 통화정책의 직접 도구는 아니지만, 규모가 커질수록 단기 국채·환매조건부채권$^{Repurchase\ Agreement,\ RP}$ 시장의 수요층을 형성해 단기 조달 비용에 미묘한 영향을 미친다. 반대로 급격한 환매가 발생하면, 대개 단기 미국 국채로 구성된 준비자산을 급히 처분하게 되므로 단기금리 변동성을 키울 위험도 있다. 요컨대 CBDC는 통화의 단일성을 강화하는 공공 인프라이고, 민간 스테이블코인은 시장 기반의 디지털 달러·원 창구로서 유동성을 공급하는 한편, 단기 국채 수요 변동을 통해 시장 변동성을 확대할 수 있다.

공공의 화폐 vs. 민간의 수익

 프라이버시와 통제의 철학도 대조적이다. CBDC는 공공 안전과 익명성 사이에서 어느 수준까지 정보를 수집·보관할지, 또 어떤 모델(계정형·토큰형)로 설계할지를 두고 사회적 합의가 필요하다. 반면 스테이블코인은 발행사가 제재·동결 권한을 행사하거나 지갑 수준의 블랙리스트를 운용할 수 있다. 그러나 기본적으로는 오픈 네트워크

구분	CBDC (중앙은행 디지털화폐)	스테이블코인 (민간 발행 디지털자산)
발행 주체	중앙은행	민간 기업·재단
법적 지위	법정통화, 국가가 보증하는 최종 결제 수단	민간 발행 토큰, 발행사에 대한 상환 청구권
신용 위험	없음(중앙은행 보증)	발행사의 준비금·유동성에 따라 위험 존재(디페깅 가능성)
결제/정산	즉시 최종 결제(중앙은행 화폐로 직접 결제)	블록체인 전송은 빠르지만 최종 결제는 상환 시 완성
규제 초점	개인정보, 금융 중개 기능, 오프라인 결제, 접근성 등 공공정책 설계	자금세탁방지, 준비자산 구성·공시, 상환 메커니즘, 발행자 거버넌스
거시 경제 효과	통화정책 직접 수단 가능(이자부 CBDC 등)	단기 국채·RP 시장 수요층 형성, 환매 시 단기금리 변동성 확대 가능
통화 시스템 영향	통화 단일성 강화, 공공 인프라	시장 기반 디지털 달러/원 창구, 금융 시장 변동성 요인
프라이버시·통제	공공 안전과 익명성 균형 필요, 사회적 합의 요구	발행사가 제재·동결 가능, 블랙리스트 운용, 오픈 네트워크 기반
국제 결제	중앙은행 간 협정·표준 필요	글로벌 거래소·지갑 통해 이미 광범위 사용
이익 귀속	공공선·정책 목표 반영, 국가 재정·금융안정 기여	발행사가 준비자산 이자 수익 취득, 사용자에겐 낮은 수수료·접근성

표 1-2 · CBDC와 스테이블코인의 차이

위에서 24시간 365일 전송·정산이 가능하고, 스마트 컨트랙트와 결합해 계약이 자동으로 이행되는 '프로그래머블 머니'의 실험이 활발히 진행되고 있다.

국제 결제에서도 차이가 난다. CBDC의 국경 간 사용은 중앙은행 간 협정과 상호운용 표준이 갖춰져야 확장되는 반면, 스테이블코인은 이미 글로벌 거래소·지갑을 통해 사실상의 디지털 달러/유로로 쓰이고 있다. 다만 그만큼 규제 경계에 서 있는 상황이다.

마지막으로, '누가 이익을 얻는가'도 다르다. CBDC의 이자는 정책 목표와 공공선에 맞춰 설계되고, 그 운영비와 편익은 국가 재정과 금융 안정의 영역에 속한다. 스테이블코인은 준비자산에서 발생하는 이자수익을 발행사가 취득하는 사적 사업 모델이 기본이고, 사용자에게는 낮은 수수료, 빠른 결제, 디지털 달러 접근성이라는 편익이 돌아간다.

미국 국채를 집어삼킨
스테이블코인

스테이블코인은 달러 같은 법정통화에 가치를 고정하도록 설계된 디지털자산이다. 따라서 안정 장치가 필요하다. 스테이블코인 발행업체는 해당 통화의 가치를 1대1로 뒷받침할 수 있는 준비자산을 보유해야 한다. 여기서 준비자산은 말 그대로 '준비'된 자산이므로, 유동성이 크고 안전해야 한다. 가장 대표적인 안전자산으로는 국채, 그중에서도 단기 국채를 들 수 있다. 다시 말해, 달러에 연동된 스테이블코인을 발행하려면 미국 국채를 매입해야 한다.

이러한 구조 때문에 스테이블코인 발행사들은 새로운 미국 국채 투자자로 부상하고 있다. 실제로 2025년 3월 기준으로 주요 스테이블코인의 총 준비자산 규모는 2,000억 달러를 넘겼고, 이들이 보유한 미국 단기 국채 잔액은 세계 주요 국가들의 단기 국채 보유액을 능가하는 수준에 이르렀다. 2024년 한 해에만 스테이블코인 발행사들은

스테이블코인의 모든 것

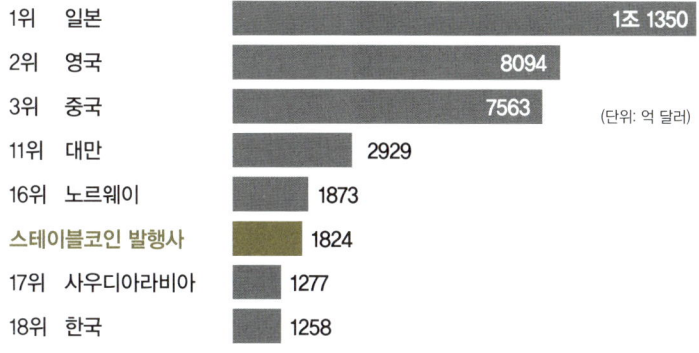

순위	국가	보유액
1위	일본	1조 1350
2위	영국	8094
3위	중국	7563
11위	대만	2929
16위	노르웨이	1873
	스테이블코인 발행사	1824
17위	사우디아라비아	1277
18위	한국	1258

(단위: 억 달러)

그림 1-2 · 주요국과 스테이블코인 발행사 미국 채 보유 현황
(스테이블코인 발행사 보유량은 테터·서클·퍼스트디지털·팍소스 등을 합친 것)

미국 재무부가 발행한 단기 국채를 400억 달러 넘게 사들였다. 이는 미국 내 최대 머니마켓펀드의 매수 규모와 맞먹는 수준이며, 대부분의 외국 중앙은행들의 매입 규모를 웃돈다. 달러에 연동된 민간 디지털 달러에 대한 전 세계적 수요가 폭발적으로 증가하면서, 이를 뒷받침하는 미국 단기 국채에 대한 수요도 함께 치솟고 있다.

디지털자산, 단기 금리를 흔들다

실제 국제결제은행Bank for International Settlements, BIS도 이와 관련된 분석을 내놓은 바 있다. 국제결제은행은 2021년부터 2025년까지 스테이블코인 자금 흐름이 미국 국채 금리에 어떤 영향을 미쳤는지를 분석했다. 국제결제은행에 따르면 스테이블코인 시장으로의 자금 유입stablecoin inflow이 늘어날 때 미국 3개월물 국채 금리가 단기간에 0.02~0.025%p(2.25bp) 하락하는 효과가 있었으며, 반대로 스테이블코인에서 자금이 빠져나가는 유출 시에는 단기 금리가 0.060~0.08%p(6~8bp) 상승하는 더욱 큰 효과가 나타난 것을 확인하였다.[7] 이는 스테이블코인 발행사가 미국 단기 국채의 새로운 매수 주체로 부상하면서, 스테이블코인의 규모 증감이 단기 자금 조달 금리(T-Bill 수익률)에 직접적인 영향을 주고 있음을 시사한다.

민간 달러 스테이블코인 시장이 커질수록, 그리고 미국을 넘어 글로벌 시장으로 확장될수록, 미국 국채에 대한 간접적인 보유량도 함께 늘어난다. 이는 미국 재무부 입장에서는 사실상 '저비용 자금 조달 창구'가 새로 생긴 것이나 다름없다.

민간 기업의 손에 들어간 1,500억 달러 국채

스테이블코인인 테더와 서클의 준비자산 구성을 보면 이러한 흐름이 뚜렷하게 드러난다.

2025년 초 기준으로, 시가총액 1위 스테이블코인인 테더는 전체 준비금의 약 66%를 미국 단기 국채로 운용되고 있다. 2위인 서클의 경우, 준비자산의 88%를 만기 3개월 미만의 미국 국채로 보유 중이다.[8] 서클은 평균 만기 12일 안팎의 초단기 국채에 주로 투자하고 있고, 테더도 머니마켓펀드에 준하는 단기 국채 위주의 포트폴리오를 구성해 1코인당 1달러의 가치를 안정적으로 뒷받침하고 있다.

두 스테이블코인 발행사의 국채 보유액을 합치면 2025년 중반 현재 약 1,500억 달러에 달한다. 이는 세계에서 미국 국채를 많이 보유한 국가들과 견줘도 상위권에 드는 규모다. 예를 들어, 테더가 보유한 약 1,000억 달러 규모의 미국 국채는 독일이나 대한민국 정부의 보유액보다 많으며, 서클의 500억 달러 남짓한 보유액까지 더하면, 이 두 발행사가 보유한 국채량은 한국, 독일, 아랍에미리트^{UAE} 등의 보유액을 크게 상회한다. 스테이블코인 발행사들은 이제 미국 단기 채권 시장의 핵심 민간 참가자로 떠올랐으며, 미국 정부 채무의 주요 투자자 풀^{pool}을 구성하고 있다.

스테이블코인 발행사들의 이 같은 국채 매입 행태는, 한편으로 19세기 미국의 자유은행^{wildcat banking} 시기나 20세기 후반 머니마켓펀드 혁명에 비견할 수 있다. 은행이 아닌 민간 주체가 달러화 표시 지급준비를 맡아 시장에 유동성을 제공하고 있다는 점에서, 테더와 서클은 과거 금융사들이 발행하던 달러화 은행권이나, 1970년대 이후 급성장한 머니마켓펀드의 디지털 버전에 가깝다. 물론 차이점도 있다. 스테이블코인은 블록체인 네트워크 상에서 실시간 전송과 프로그래밍이 가능하다는 점에서, 결제 인프라로서의 성격이 있기 때문이다.

전 세계 가상자산 거래의 80% 이상이 미국 달러에 연동된 스테이블코인을 매개로 이루어지고 있을 정도로, 스테이블코인은 국제 결제와 송금 수단으로도 각광받고 있다. 그 결과, 글로벌 투자자들은 미국 국채를 간접적으로 대량 보유하게 되었고, 이는 미국 재무부 입장에서는 새로운 '저비용 자금 조달 창구'가 생긴 것이나 마찬가지다. 결국 세계 각국 자산가들의 달러화 자산 수요를 흡수해, 이를 다시 미국 국채로 환류시키는 구조가 만들어지고 있다. 글로벌 저축이 미국 단기 부채를 떠받치는 새로운 메커니즘이 형성되고 있는 셈이다.

지속적으로 미국 재정이 악화되는 상황에서, 이러한 신규 수요처의 등장은 재무부 입장에서는 대환영할 일이다. 코로나19 대응을 비롯한 확장적 재정정책의 여파로, 미국의 연간 재정 적자는 2020년부터 2022년까지 폭증했다. 2023년 일시적으로 감소했지만, 2024 회계연도에는 약 1조 8,000억 달러(GDP 대비 6%대)의 적자를 기록하며 다시 확대되는 추세다. 2025년 이후에는 인구 고령화에 따른 복지 지출 증가와 높은 이자 비용 부담 등으로 인해 구조적 적자가 지속될 전망이다. 미 재무부 차입자문위원회에 따르면 이 추세가 이어질 경우 2027 회계연도에는 연간 적자가 2조 달러를 넘길 것으로 내다봤다.[9]

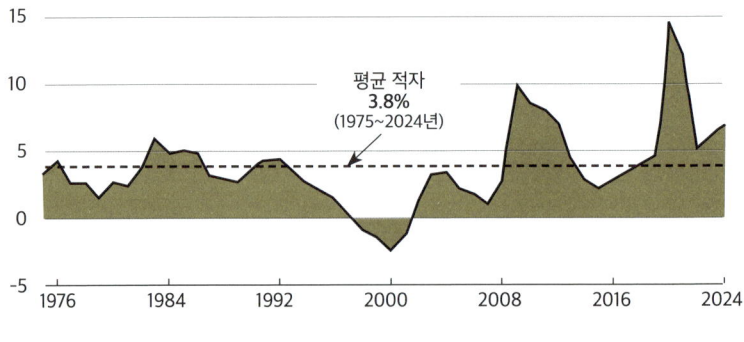

그림 1-3 · 미국 연방정부 재정 수지 추이(1975~2024년)

스테이블코인의 모든 것

이러한 상황에서 미국 재무부 입장에서도 스테이블코인의 등장은 반가운 일이다. 재정 적자는 국채 발행으로 충당되며, 국채가 잘 팔리지 않으면 금리를 올리고 가격을 낮춰야 한다. 금리가 높아지면 장기적으로는 세금 부담이 커진다. 앞으로 국채 발행량이 급격히 늘어날 것이 예상되는 가운데, 스테이블코인이라는 새로운 수요 기반이 등장한 것은 재무부로서도 분명한 호재다.

재정 적자 시대, 민간 스테이블코인을 택한 미국

한편, 이러한 국채 수요는 중앙은행이 CBDC를 발행하는 경우에는 나타나지 않는다. 정부의 디지털화폐를 준비금으로 사용하는 방식은 스테이블코인의 안정성을 유지히는 가장 합리적인 방법처럼 보이지만, 회계 구조상 문제가 있다. 중앙은행이 발행한 현금은 중앙은행의 부채로 잡히기 때문에, 결국 정부의 부채 대신 중앙은행의 부채를 쓰는 셈이다. 이 방식은 미국의 재정 적자 해소에 도움이 되지 않는다. 이런 점에서, 재정 적자가 심각한 미국으로서는 민간 스테이블코인을 키울 수밖에 없는 셈이다.

다수의 공화당 정치인들은 '디지털 달러는 민간 혁신에 맡겨야지, 정부가 국민 금융정보를 들여다보는 CBDC를 만드는 데 반대'라는 입장을 보였다.[10] 트럼프 진영 역시 비슷한 스탠스를 취하며, 스테이블코인을 민간 디지털 달러로서 장려하는 모습을 보이고 있다. 이는 미국이 디지털 통화 경쟁에서 중국 등 다른 국가에 뒤처지지 않도록, 달러의 디지털 지배력을 민간 영역을 통해서라도 확보하려는 전략으로 읽힌다.

다시 말해, 트럼프의 정책 방향은 스테이블코인 규제 완화를 통해 디지털 형태의 달러 사용을 세계적으로 확대하고, 그 대가로 스테이블코인을 통해 미국 재정을 시장 친화적인 방식으로 메우려는 시나리오를 그린다고 볼 수 있다.

스테이블코인은
어떻게 가격을 지킬까?

스테이블코인의 가장 큰 특징은 가치가 일정하게 유지되도록 설계되었다는 점이다. 미국 달러 같은 법정화폐의 가치에 연동되는 방식이다. 쉽게 말해, '한 코인의 가격 = 1달러'로 유지되도록 설계된 것이다. 현재 유통되는 대부분의 스테이블코인은 미국 달러에 페깅되어 있으며, 달러화와 1:1 교환을 표방한다.

USDT는 시가총액 기준 최대 스테이블코인으로, '1 USDT = 1 달러'를 목표로 한다. USDC 역시 그다음으로 큰 규모의 달러 연동 스테이블코인이다. 이렇듯 기존 화폐의 가치를 기준점으로 삼기 때문에, 스테이블코인은 가상자산 시장과 전통 금융을 연결하는 가교 역할을 할 수 있다.

예를 들어, 투자자들은 은행에서 달러를 인출해 USDC로 바꾸면서 전통 자산을 디지털 달러로 전환할 수 있다. 반대로 코인 거래로 번 돈을 USDC에 담아두었다가, 다시 달러로 환전해 현금화할 수도 있다. 이러한 법정통화 연계성 덕분에, 스테이블코인은 탈중앙화 금융은 물론, 해외 송금이나 결제 등 실물 경제에 접목된 사례들에서도 활용되고 있다.

1달러를 지키는 세 가지 방법

스테이블코인 발행 주체는 다양한 가격 안정화 메커니즘을 활용한다. 코인의 공급량을 조절하거나 담보 자산과 교환을 통해 가격을 고정시키는 것이 대표적이다. 이러한 메커니즘을 기반으로 스테이블코인은 디지털자산 시장의 교환 매개로 널리 쓰일 수 있다. 대표적인 가격 안정화 메커니즘은 세 가지다.

첫째, 달러 등 법정통화나 현금성 자산을 예치해 그 가치를 1:1로 고정하는 방식이다.

예를 들어, USDT나 USDC는 각각 달러 예치금을 담보로 발행되며, 언제든 1코인을 1달러에 발행사에 돌려줄 수 있다. 만약 시장 가격이 1달러보다 높아지면 어떤 일이 생길까? 투자자들은 발행사로부터 1달러에 코인을 새로 발행받아 시장에서 팔아 차익을 얻는다. 반대로 1달러보다 낮아지면 시장에서 코인을 싸게 사들여 발행사에 1달러로 상환함으로써 차익 거래로 이익을 얻는다. 실제로 USDC의 경우, 모든 코인이 동등한 달러 예치 자산으로 100% 뒷받침되며 언제든 1:1 교환이 가능하다고 밝히고 있다. USDT 역시 모든 토큰은 동일한 법정화폐와 1대1로 연동되고, 100% 준비금으로 담보된다고 하며 가치를 안정화시킨다.

둘째, 가상자산 담보형 스테이블코인은 디지털자산을 담보로 삼아 스마트 컨트랙트를 통해 발행된다. 대표적으로 메이커다오의 DAI는 과잉 담보 방식을 사용한다. 이를테면, 1달러어치의 DAI를 발행하려면 최소 1.5달러 이상의 가상자산을 예치해야 한다.

담보 자산의 가격이 하락해 담보 가치가 일정 비율 아래로 떨어지면, 시스템은 자동으로 해당 담보를 청산(매각)하고, 그에 상응하는 DAI를 소각한다. 이렇게 해서 DAI의 가치를 1달러 수준에서 유지하는 것이다. 담보 자산의 가격 변동을 실시간으로 반영하고, 담보 비율을 지속적으로 관리함으로써 '1 DAI ≒ 1달러'라는 등기 관계를 유지할 수 있다. 스마트 컨트랙트 기반의 자동 담보 관리 시스템이 바로 이 가격 안정성을 지탱하는 핵심 장치다.

셋째, 별도의 담보 없이 공급량 조질 알고리즘으로 가격을 안정시키는 방식이다.

예를 들어 테라[UST]는 자매 코인 루나[LUNA]와의 연동을 통해 1테라의 가치를 1달러에 맞추려 했다. 테라 가격이 1달러보다 높으면 루나를 소각하고 테라를 발행해 공급을 늘리고, 반대로 테라가 1달러보다 낮아지면 테라를 소각하고 그만큼의 루나를 새로 발행해 테라 공급을 줄이는 식이다. 이러한 '발행 – 소각' 메커니즘으로 테라의 수요와 공급을 조절해 가격을 통제하는데, 중앙은행이 통화량을 조절해 환율을 방어하는 방식과 유사하다.

하지만 이 방식의 핵심 문제는 시장 신뢰다. 알고리즘만으로 스테이블코인의 가치를 담보하긴 어렵다. 투자자 입장에서 '테라 가격이 다시 1달러로 돌아올 것'이라는 믿음이 흔들리는 순간, 시스템은 무너지게 된다.

실제로 2022년 5월, 테라의 가격이 1달러 아래로 떨어지자 투자자들이 대거 매도에 나섰고, 일종의 뱅크런*이 벌어졌다. 테라를 방어하기 위해 발행사는 루나를 기하급수적으로 찍어냈지만, 루나 가치가 급락하면서 두 코인 모두 사실상 휴지 조각이 되었다. 이처럼 알고리즘형 스테이블코인은 담보 비용이 들지 않고 탈중앙화되어 있다는 장점이 있지만, 가격 안정의 최후 보루가 투자자의 '기대'에만 의존한다는 점에서 극도로 취약할 수 있다.

요약하자면, 스테이블코인의 가격 메커니즘은 담보 기반이든 알고리즘 기반이든 '1코인 = 1달러'라는 고정 환율을 유지하기 위한 장치다. 담보형 코인은 발행사의 1:1 교환 보장과 차익 거래 유인을 통해 안정성을 확보하고, 암호 담보형 코인은 초과 담보와 자동 청산 시스템으로 가치를 지탱한다. 알고리즘형 스테이블코인은 공급량을 자동으로 조절해 가격을 맞추려 한다.

---

* 은행의 건전성에 대한 불신이나 루머 때문에 예금자들이 동시에 대규모로 예금을 인출하려고 몰리는 현상.

이러한 메커니즘 덕분에 스테이블코인은 디지털자산 생태계 안에서 달러와 거의 등가로 통용되는 사실상의 디지털화폐 역할을 수행한다. 그러나 그 성공 여부는 결국 설계의 기술적 건전성과 시장의 신뢰에 달려 있다.

스테이블코인과
기존 결제 시스템의 비교

스테이블코인은 디지털 시대의 새로운 결제 수단으로 주목받지만, 기존 은행 기반 결제 시스템과 여러 측면에서 대조된다. 결제 속도와 비용, 접근성과 범용성, 신뢰성과 안정성, 규제와 보안에서 두 체계는 어떤 차이를 보일까?

누가 더 빠르고 저렴한가?

먼저 결제 속도와 비용이다. 스테이블코인은 인터넷만 연결되면 24시간 365일 언제든 송금할 수 있다. 이더리움이나 솔라나 같은 블록체인을 통해 스테이블코인을 활용하면 결제가 몇 초, 혹은 몇 분 안에 끝나며, 국경을 넘어도 중개은행을 거치지 않고 바로 송금할 수 있다. 반면 전통 금융 결제는 은행 업무 시간에 의존하거나 국제망을 거치면서 1~3일의 시간 지연이 발생하는 경우가 많다.

비용 면에서도 차이가 크다. 스테이블코인은 대체로 블록체인 네트워크 수수료만 내면 되기 때문에, 거액 송금도 몇 달러 수준으로 처리할 수 있고 소액 결제도 수수료 부담이 낮다. 반면 전통 금융 결제는 은행 송금 수수료, 환전 수수료, 카드 결제 수수료가 겹쳐 상대적으로 고비용 구조다. 해외 송금의 경우 중개 은행 비용으로 건당 수십 달러가 들 수 있고, 신용카드 결제는 가맹점 수수료가 2~3%에 이른다.

이런 이유로 스테이블코인은 빠르고 저렴한 대안으로 주목받으며, 특히 국제 송금이나 신흥국 시장에서 활용 가능성이 높게 거론된다.

누구나 쓸 수 있나? 어디서나 통하나?

둘째, 접근성과 범용성이다. 기존 결제 시스템은 은행 계좌나 카드를 통해 이용되므로 신원 확인과 가입 절차가 필요하다. 반면 스테이블코인은 인터넷과 스마트폰만 있으면 누구나 지갑을 만들어 받을 수 있어 진입 장벽이 낮다. 신용카드 발급이 어려운 국가의 주민이나 은행 인프라가 부족한 지역 사람도 스테이블코인 지갑만 있으면 디지털 달러를 보유하고 송금할 수 있다. 이는 금융 포용성 측면에서 큰 장점이다.

IMF 연구에 따르면 신흥국에서는 달러 가치가 안정적인 스테이블코인이 인플레이션 헤지 수단이나 달러 대체 저축 수단으로 주목받고 있다. 이는 전통 금융이 충분히 포괄하지 못한 영역을 채워줄 가능성을 보여준다.[11]

다만 범용성은 아직 제한적이다. 스테이블코인은 주로 암호화폐 생태계 안에서만 쓰인다. 일반 상점에서 USDC나 USDT를 직접 받는 경우는 드물고, 대부분 사용자는 현금으로 교환하거나 다른 암호자산 투자에 활용한다. 반대로 기존 결제망은 상점, 전자상거래, 공공요금 납부 등 현실 경제 전반에서 널리 쓰이고 있다. 현시점에서는 전통 결제망이 활용 범위가 훨씬 넓고, 스테이블코인은 특정 용도에 강점이 있다. 거래소 간 자금 이동, 가상자산 투자 보관, 일부 해외 송금이 대표적이다.

얼마나 믿을 수 있는가?

셋째, 안정성과 신뢰성이다. 스테이블코인과 기존 결제는 본질적으로 다르다. 은행 예금이나 현금은 중앙은행과 정부의 신용을 바탕으로 가치가 안정되고, 예금자 보호 같은 제도적 안전장치가 마련되어 있다. 반면 스테이블코인은 앞서 말했듯 발행 주체와 담보 구조에 따라 안정성이 달라진다. 극단적 상황에서는 가치가 무너질 위험도 있다. 예를 들어 은행에 1만 달러를 맡기면 연쇄 뱅크런이 일어나지 않는 한 언제든 인출할 수 있다고 믿는다. 예금·보험 등 기존 금융 시스템 안에서 충분히 보호된다는 믿음이 있기 때문이다. 그러나 스테이블코인 1만 달러어치를 보유한 경우 발행사의 지급 능력이나 담보 자산에 문제가 생기면 전액 손실을 입을 수도 있다.

결제 신뢰성도 비교된다. 전통 결제망은 송금 오류가 발생하면 은행을 통해 취소하거나 잘못 보낸 돈을 되돌려받을 수 있다. 그러나 블록체인 거래는 일방적이라, 한 번 보낸 스테이블코인은 되돌리기 어려운 경우가 많다. 또한 은행 결제는 거래 내역이 내부 시스템에 기록되어 분쟁이 생기면 증빙할 수 있지만, 스테이블코인은 익명성이 보장되어 상대가 누구인지 모른 채 보낼 수 있다. 덕분에 편리하지만 문제가 생기면 신원 확인조차 어렵다.

정리하면, 스테이블코인은 전통 금융의 법적·제도적 지원이 부족해 이용자가 스스로 위험을 떠안아야 한다. 반대로 전통 결제는 느리고 번거롭지만 안전장치 덕분에 안심할 수 있다. 스테이블코인은 편리하고 빠르지만, 최종 책임은 사용자 몫이다.

안전하고 합법적인가?

넷째, 규제와 보안이다. 기존 결제 시스템은 각국 금융당국의 엄격한 규제를 받으며 자금세탁방지, 고객신원확인Know Your Customer, KYC*,

---

* 기업이 고객의 신원을 확인하고 거래의 합법성을 검증하여, 자금세탁(AML) 및 테러자금조달(CFT)과 같은 금융 범죄를 방지하는 절차.

거래 추적이 체계적으로 이뤄진다. 반면 스테이블코인 거래는 인터넷에서 가명으로 이루어져 불법 자금 흐름이나 해킹 피해에 노출될 수 있다. 실제로 테러 자금이나 랜섬웨어 해커들이 달러 현금 대신 USDT 같은 스테이블코인을 선호하는 사례도 보고된다. 이는 규제 당국 입장에서 큰 우려시항이다.[12] 이 때문에 각국은 스테이블코인 발행사에 자금세탁 방지 규정 준수를 요구한다. 일부 국가는 아예 엄격한 인허가제를 도입하려는 움직임도 보인다.

기술적 보안 면에서도 차이가 크다. 전통 결제망은 폐쇄망에서 운영되어 해킹 같은 사이버 공격에 비교적 안전하다. 반면 스테이블코인은 탈중앙화 블록체인에 기반하다 보니 블록체인 스마트 컨트랙트의 취약점이나 개인 지갑의 보안 문제에 노출될 수 있다. 예를 들어 2022년 솔라나 기반 지갑 해킹으로 다수 사용자의 USD코인이 탈취된 사건이 있었다.[13]

금융시스템에 어떤 파장을 줄까?

마지막으로 거시경제 및 금융 안정 관점에서 보면, 스테이블코인의 급성장은 한 나라 통화체계에 잠재적 위험을 줄 수 있다. 사람들이 은행 예금 대신 스테이블코인을 대거 보유하면 시중 자금이 은행에서 빠져나가 신용 경색이 올 수 있고, 스테이블코인 준비금 급매각이 발생하면 전통 금융시장(단기 자금 시장 등)의 변동성을 높일 수 있다.

이와 관련하여 미국 재무부와 연준 등은 스테이블코인을 '은행 페이런(뱅크런)과 유사한 위험'으로 간주하고 규제 필요성을 강조하고 있다.[14] 반대로 스테이블코인을 옹호하는 진영에서는 과도한 규제가 혁신을 저해할 수 있다고 우려하기도 한다. 즉, 스테이블코인은 편의성과 혁신 측면에서 기존 결제를 보완하지만, 신뢰성과 규제 측면에서 해결해야 할 과제들도 상당함을 알 수 있다.

CBDC와 스테이블코인,
공존이 가능할까?

CBDC와 스테이블코인은 모두 디지털 형태의 화폐이다. 그러나 성격과 발행 주체가 다르기 때문에 미래 금융에서 공존하는 방식에 대해 다양한 견해가 나온다. CBDC는 중앙은행이 발행하는 공공 화폐로, 법정통화의 디지털 버전이다. 반면 스테이블코인은 민간이 발행하는 사적 화폐로 기존 통화에 연동되지만, 민간 기업이나 프로토콜의 안정성에 의존한다. 이 둘은 경쟁 관계이면서 동시에 상호 보완적 관계로도 볼 수 있다.

CBDC 도입이 스테이블코인을 위협할까?

우선 일부에서는 CBDC가 도입되면 스테이블코인의 존립 근거가 약해져 경쟁에서 밀릴 것이라고 주장한다. 중앙은행이 직접 발행한

스테이블코인의 모든 것

디지털화폐가 있다면 군이 신용 위험이 있는 민간 스테이블코인을 사용할 이유가 줄어든다는 논리다. 예를 들어 미국 연준이 디지털 달러를 발행하면, 현재 달러 연동 스테이블코인이 차지한 영역을 대체할 가능성이 있다. 특히 결제와 송금 분야에서는 CBDC가 더 안전하고 공신력이 있어 이용자들이 선호할 수 있다.

더 나아가, 각국 통화 당국은 통화 주권을 지키기 위해 CBDC에 힘을 싣고 민간 스테이블코인을 엄격히 규제하려는 움직임을 보인다. 유럽중앙은행ECB은 '디지털 유로가 나오면 유로화 연동 스테이블코인의 필요성은 크지 않을 것'이라고 밝힌 바 있다. 반면 미국은 CBDC 발행에는 신중하지만 달러 스테이블코인 규제를 정비해 민간 혁신을 활용하려는 기조를 보인다.[15]

이러한 견해 차는 분명히 존재하지만, 만약 CBDC가 광범위하게 도입되고, 기술적 인프라와 사용자 습관이 사회 전반에 뿌리내린다면 지금처럼 스테이블코인이 각자도생 방식으로 성장하기는 쉽지 않을 것이란 전망도 있다. CBDC가 일상적인 결제와 송금, 자산 보관 등 다양한 영역에서 빠르게 대중화된다면, 민간이 발행하는 스테이블코인의 설 자리는 점차 좁아질 수밖에 없다는 것이다.

정리하면, CBDC와 스테이블코인의 경쟁 시나리오에서는 CBDC가 보다 안전하고 공공성을 갖춘 형태로 우위에 설 가능성이 높고, 스테이블코인은 일부 한정된 수요 이를테면 디파이 서비스나 글로벌 송금 등 제한적인 영역에 국한될 수 있다는 견해가 존재한다.

공존의 열쇠, '합성 CBDC'와 파트너십

　반면 상호 보완적 시나리오에서는 CBDC와 스테이블코인이 각자의 강점을 살려 공존할 수 있다. CBDC는 중앙은행이 제공하는 신뢰성과 최종 결제 수단의 역할을 하고, 스테이블코인은 민간의 창의적 기술 혁신과 서비스 편의성을 담당하는 공공-민간 파트너십 모델이 존재할 수 있다. 이를테면 합성 CBDC^synthetic CBDC* 개념이 있다. 이는 중앙은행이 민간 스테이블코인 발행사에 예치 계정 접근을 허용해 준비금을 중앙은행에 100% 보관하도록 하는 방식이다.

　이렇게 하면 발행된 스테이블코인은 사실상 중앙은행 돈으로 완전 담보되므로 안전성은 CBDC와 같고, 대신 사용자 접점의 혁신은 민간이 담당하므로 효율적이다. 중앙은행은 신뢰 기반(결제 준비금 제공)을 맡고 민간은 서비스 운영과 기술 혁신을 맡는 공생 관계가 형성될 수 있다.

　이론적으로 이런 모델에서는 스테이블코인 발행사가 은행과 유사한 규제를 준수하며 중앙은행 플랫폼 위에서 혁신하는 구조가 된다. 궁극적으로 사회 전체로 보면 CBDC의 안정성과 스테이블코인의 창의성이 결합되어, 안전하면서도 편리한 디지털화폐 환경을 구축할 수 있다는 장점이 있다.

---

* 중앙은행이 직접 CBDC를 발행하지 않고, 민간 금융기관이나 핀테크 기업이 중앙은행에 예치한 준비금을 바탕으로 '중앙은행 화폐에 연동된 디지털 토큰'을 발행하는 모델.

CBDC와 스테이블코인, 공존을 위한 조건

현실에서는 CBDC와 스테이블코인의 공존 가능성을 지지하는 견해가 늘고 있다. 영국 재무부, 영란은행 등은 민간 스테이블코인을 결제에 활용하되 엄격히 규제하여 CBDC와 병행하려는 구상을 내놓고 있다. 국제기구에서도 민간 디지털화폐와 CBDC의 혼합체계를 구상하는 연구가 진행 중이다. IMF 연구는 '공적 화폐(CBDC 등)와 사적 화폐(스테이블코인 등)는 앞으로도 공존할 것이며, 적절한 규율을 통해 혁신과 안정의 균형을 찾아야 한다'라고 강조한다.[16] 이는 마치 현행 화폐 체계에서 중앙은행이 화폐 기반을 제공하고 그 위에 상업은행의 예금통화가 발행되어 둘이 조화를 이루는 2단계 통화 시스템과 유사한 그림이다. 결국 핵심은 규제의 설계에 달려 있다고 할 수 있다.

CBDC와 스테이블코인이 상호 보완하려면, 상호 호환성interoperability을 높여 사용자가 두 형태의 디지털 돈을 원활히 교환할 수 있어야 한다. 스테이블코인에 대한 적절한 위험 기준과 감독이 뒤따라야 CBDC가 '보완재'로서 안심하고 역할을 맡길 수 있다. 예를 들어 CBDC를 스테이블코인 준비금으로 인정하고 발행사들을 지속 감독한다면, 스테이블코인은 공적 안전망 위에서 혁신을 지속할 수 있을 것이다. 반대로 규제 없이 두 체제가 경쟁하면 신뢰 문제로 스테이블코인에 대한 대중 신뢰가 크게 떨어지거나, 혹은 CBDC 채택이 부진하여 민간 디지털화폐들이 난립하는 혼란이 올 수 있다.

결론적으로, CBDC와 스테이블코인은 충분히 상호 보완 관계를 형성할 수 있다. CBDC는 궁극적 가치에 대한 앵커링 역할을 하고, 스테이블코인은 사용자 편의와 특화 서비스를 제공하면서 디지털 금융 혁신을 선도하는 식이다. 그러기 위해서는 명확한 역할 분담과 규제 장치가 필요하며, 중앙은행과 민간 발행자 간 신뢰와 협력이 전제되어야 한다. 그제서야 일반 대중은 안전하면서도 편리한 디지털화폐를 누리는 윈윈$^{win-win}$ 상황을 기대할 수 있다. 정부와 업계 모두 공존 전략을 모색함으로써, 혁신과 안정이라는 두 마리 토끼를 잡는 미래 통화 시스템을 만들 수 있을 것이다.

주요 스테이블코인
한눈에 보기

스테이블코인 시장은 테더, 서클 등이 주도하고 있다. 하지만 자세히 들여다보면, 발행 주체, 준비금 방식, 활용 목적, 규제 환경 등에 따리 종류도 목적도 다양히다. 개인과 기관의 입장에서는, 어떤 스테이블코인이 어떤 방식으로 성장했고, 어떤 한계에 부딪혔는지를 정확히 이해하는 것이 중요하다. 원화 스테이블코인 등 국내에서도 다양한 논의가 진행되는 상황에서 우리 앞에 펼쳐 보이는 다양한 가능성과 리스크를 진단하기 위해서다.

테더: 글로벌 준비자산으로 도약하다

세계 최초의 스테이블코인인 테더는 2014년, 비트코인 투자자 브록 피어스[Brock Pierce], 기업가 리브 콜린스[Reeve Collins], 소프트웨어 개발자

크레이그 셀러스^{Craig Sellers} 등이 '리얼코인^{Realcoin}'이라는 이름으로 출시했다.

테더의 준비금 상당 부분은 미국 국채, 기업 어음, 비트코인 등으로 구성되어 있다. 테더 홀딩스 CEO 파올로 아르도이노^{Paulo Ardoino}는 2025년 8월, 자신의 X(구 트위터)를 통해 "테더는 현재 미국 재무부 채권 보유 규모로 세계 18위, 실물 금 보유 규모로는 40위권에 올랐으며, 비트코인도 10만 개 이상 보유하고 있다"라고 밝혔다.[17]

2025년 현재, 테더는 스테이블코인 시장을 주도하고 있다. 9월 15일 기준 시가총액은 1,700억 달러를 넘어섰으며, 전체 스테이블코인 시장의 60%를 차지한다. 하루 평균 거래량은 비트코인의 두 배 이상이다.

테더의 압도적인 시장 점유율은 강력한 네트워크 효과와 신흥국의 실질적인 수요 덕분이다. 먼저, 이더리움 네트워크 기반의 ERC-20 테더는 스마트 컨트랙트에 친화적으로 개발되었으며 다양한 블록체인을 지원하는 방식으로 디파이^{DeFi} 프로토콜, 디앱^{DApp} 등과의 통합도 촉진했다. 또한, 터키·아르헨티나·베네수엘라처럼 인플레이션이 극심한 신흥국에서는 달러 대신 테더가 사실상 '비공식 통화'처럼 사용되기도 한다. 해당 지역에서는 법정화폐의 가치가 급격히 떨어지면서, 테더가 가치 저장 수단이자 일상적인 결제 수단으로 사용처를 늘리고 있다.

실제로, 2025년 9월 테더의 마르코 달라 고^{Marco Dal Lago} 글로벌 확장·전략적 파트너십 부사장은 "테더와 같은 디지털 달러는 유럽이나 미국과 같은 선진국보다 신흥국에서 수요가 많다. 상대적으로 안정적인 금융 서비스가 부족하기 때문"이라며 "일부 신흥국에서는 달러 결제가 제한되고 송금 수수료가 거래액의 10%에 달한다. 하지만 블록체인을 활용하면 수수료가 매우 낮아 신흥국에서 테더 사용이 크게 늘고 있다"라고 밝힌 바 있다.

그에 따르면 전체 스테이블코인 거래 중에 80%가 1달러~1,000달러 사이 금액 내에서 발생하는데, 이는 소액 결제와 일상적 소비, 더 나아가 가상자산 거래에 널리 쓰이고 있다는 의미다.[18]

그러나, 출시 초기 테더는 운용과 투명성에 문제가 제기된 바 있다. 달러 준비금이 부족하다는 의혹이 불거진 바 있으며, 뉴욕 검찰청은 테더를 상대로 조사에 착수하기도 했다. 2021년 테더사는 합의금 1,850만 달러를 내고 사건을 종결했지만, 뉴욕 내 영업 제한 처분 및 분기별 준비금 공시 의무가 추가된 바 있다. 다만 미국의 스테이블코인 발행 및 감독을 위한 규제법인 지니어스법GENIUS Act 통과로 인하여 테더의 회계 투명성은 개선될 것으로 보인다.

한편, 금융위기 상황에서 유동성 경색이 발생하면 가상자산 거래소에서 투자자들이 가상자산을 현금으로 바꾸려고 거래소 자금을 대량 인출하는, 이른바 코인런 등으로 인해 대규모 국채 환매가 일어나고, 이로 인해 전통 금융 시스템이 불안정해질 수 있다는 우려도 존재한다.

라샤드 아메드Rashad Ahmed 안데르센 금융경제 연구소 이코노미스트는 2025년 7월 〈조선일보〉 인터뷰에서 "스테이블코인 발행사가 지속

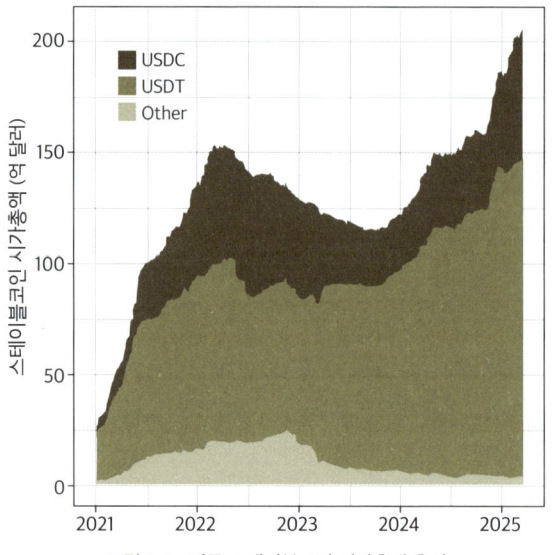

그림 1-4 · 미국 스테이블코인 시가총액 추이

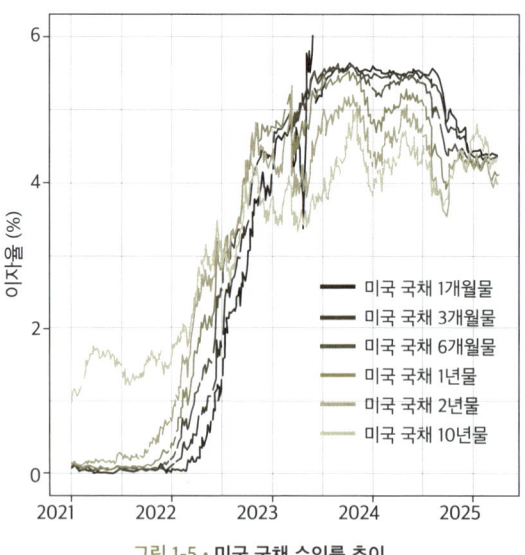

그림 1-5 · 미국 국채 수익률 추이

스테이블코인의 모든 것

적으로 국채를 대량 매입하면서 시장 가격의 왜곡을 초래하게 되고, 이로 인해 (중앙은행의) 통화 정책 효과를 저해할 우려도 제기된다. 마지막으로 상업 은행 부문이 위축되거나 은행의 부채 구조가 변화할 가능성도 배제할 수 없다"라고 우려한 바 있다.[19]

이런 가운데, 2025년 9월 USDT 발행사인 테더 홀딩스는 달러 기반 스테이블코인 USAT를 같은 해 말까지 출시하겠다는 계획을 밝혔다. 이는 앞서 같은 해 7월, 스테이블코인 발행 시 달러나 단기 국채 등의 준비금을 1:1 비율로 보유하도록 의무화한 미국의 지니어스법 통과에 따른 조치로 해석된다.

테더는 준비금의 80%만 현금성 자산으로 보유하고 있으며, 나머지는 금이나 비트코인에 투자하고 있다. 이러한 자산 구성 때문에, 테더는 지니어스법에 따라 360일 이내에 모든 준비금을 현금성 자산으로 전환해야 USDT 발행을 계속할 수 있다. 지니어스법이 유보 자산에 대한 규정을 강화했기 때문이다. USAT 발행을 계기로, 테더 홀딩스는 기존 테더와 더불어 전통 금융기관과의 협업을 확대할 것으로 보인다.

서클: 미국 정부와 가장 가까운 스테이블코인

서클은 투명성과 규제 준수를 핵심 가치로 내세우는 스테이블코인이다. 빅4 회계법인의 검증을 거친 월별 준비금 보고서를 대중에 공개하고, 달러와 미국 국채와 같이 안전자산 중심으로 준비금을 구성하는 등 투명성과 안정성을 자랑한다.

2025년 현재, 서클의 시가총액은 약 350억 달러로 테더에 이어 2위다. 서클의 가장 큰 특징은 미국과 유럽의 제도권 금융에서 널리 사용된다는 점이다. 예를 들어 비자는, 서클과 연계된 결제 실험을 바탕으로 스마트 계약 기반 자동 정산 시스템을 구축하고 있다. 또한, 세계 최대 자산운용사 블랙록은 자사 토큰 펀드 비들[BUIDL]을 서클로 전환할 수 있는 스마트 계약을 출시한 바 있다.

서클의 활용성이 높아지면서, 발행사인 서클에 대한 시장의 기대감도 커지고 있다. 2025년 6월 상장 이후, 공모가(31달러) 대비 168.48% 오른 83.23달러에 거래를 마쳤으며, 장중 한때 103.75달러까지 급등해 200%가 넘는 상승률을 기록했다.[20]

서클의 강점은 미국 정부와 가까운 스테이블코인이라는 점이다. 영국령 버진아일랜드에 본사를 두고 홍콩 등과 연계성을 가진 테더와 달리, 서클은 미국 기업에 기반한 스테이블코인이다. 실제로, 서클의 CEO 제레미 알레어[Jeremy Allaire]는 미국 의회 청문회에서 디지털 달러 정책 논의에 적극적으로 목소리를 냈다. 2023년 6월, 제레미 알레어는 미국 하원 금융서비스위원회 청문회에 출석해, 달러화의 우위를 지키기 위한 방안으로 스테이블코인 법안의 조속한 통과를 요구했다. 당시 그는 "달러는 현재 기로에 서 있다. 중국의 디지털 위안화를 고려할 때, 미국의 스테이블코인 법안은 글로벌 금융 시스템 내 달러

의 위치를 견고히 하는 중요한 법안이 될 것"이라고 했다.[21]

한계도 존재한다. 60%에 달하는 시장 점유율을 자랑하는 테더에 비해 서클은 상당히 시장점유율이 낮으며 이는 유동성과 네트워크 한계로 이어진다. 또한 2024년, 유럽에서 MiCA 규정을 완전히 준수한 최초의 주요 스테이블코인이 되었지만 기관 투자자들의 신뢰 확보와 동시에 높은 규제 비용과 운영상의 제약이 따를 수 있다는 우려도 있다.

DAI: 담보 기반의 스테이블코인

DAI는 메이커다오 프로토콜을 기반으로 출시된 탈중앙화 스테이블코인이다. 2025년 현재 시가총액 기준으로 세 번째로 큰 규모를 자랑한다. 테더, 서클 등 다른 스테이블코인이 달러 등 전통 기관 자산을 준비금으로 두는 것과 달리, DAI는 완전히 탈중앙화된 방식으로 '1달러 페그'를 유지한다.

메이커다오는 스테이블코인 DAI를 공급하며, 중앙은행과 유사한 기능을 수행한다. 이런 역할 때문에, '준비은행Reserve Bank'으로 불리기도 한다. '다이'라는 명칭은 중국어로 '빌려준다'라는 뜻의 단어 dài에서 유래했으며, 이는 대출 지원형 스테이블코인이라는 특성을 반영한 것이다.

구체적으로, 사용자가 이더와 같은 '담보'를 메이커다오에 예치하면

메이커다오는 DAI를 생성한다. 이후 사용자가 받게 되는 DAI는 대출금이 되는데, 예치된 담보를 추후 돌려받기 위해서는 메이커다오 프로토콜에 DAI와 함께 일정한 이자를 상환해야 하며 이와 동시에 DAI가 소각된다. 이때 수수료는 안정화 수수료Stability Fee라고 부른다.

DAI의 담보 비율은 대략 120~150% 선이며, 이는 암호화폐 시장의 변동성을 줄이기 위한 조치이고, 메이커다오 거버넌스에 의해 조정된다.*

그런데, 굳이 이더를 담보까지 맡기면서 DAI를 발행받아야 하는 이유는 무엇일까? 가장 큰 이유는 현금DAI 유동성 확보다. 근본적으로, 이더를 장기 보유하면서도 현금이 필요하거나 가격 상승 기회를 노리기 위해서다. 또는 담보로 맡긴 이더와 대출받은 DAI를 기반으로 추가적으로 암호화폐를 매수할 수 있어서다. 암호화폐 시장이 상승장일 때 특히 그렇다.

만약 이더보다 DAI로 더 높은 수익률을 추구할 수 있다면, 이더를 담보로 보유하면서도 DAI로 추가 이더를 매수할 수 있어 더 큰 수익을 기대할 수 있다. 결국 이더의 장기 보유자이거나, 대부분의 투자를 암호화폐로 하는 이들에게 적합한 스테이블코인 상품이라고 할 수 있다.

여기서 조금 더 근본적인 궁금증이 생긴다. DAI가 '담보 기반' 스테

---

* 메이커다오는 MKR이라는 또 다른 토큰을 운용하는데, 이는 플랫폼 내 거버넌스 토큰이다. 이 토큰을 보유한다면 거버넌스 프로세스에 참여하여 네트워크의 변경 및 개선 등에 심의할 자격이 부여된다.

스테이블코인의 모든 것

이블코인이라면, 차라리 전통 금융기관에 맡기고 대출을 받는 것이 더 낫지 않을까?

일반적으로 전통 금융권에서는 이더 등 가상화폐를 담보 자산으로 인정하지 않는다. 예를 들어, 만약 내가 상장지수펀드^{Exchange Traded Fund,} ^{ETF} 상품을 구입한다면 현금으로 매수해야 하고, 갖고 있는 이더를 현금으로 바꿔야 할 것이다. 이런 경우, 이더 가격이 추가로 상승할 가능성을 스스로 포기해야 하는 상황이 발생한다. 즉, 투자 기회를 놓칠 수 있다. 뿐만 아니라, 가상화폐 시장에서는 스마트 컨트랙트가 제3자인 금융기관이나 중개인의 역할을 대체한다. 이러한 구조 덕분에, 중개 수수료가 없거나 낮고, 결과적으로 대출 이자율도 전통 금융보다 더 낮은 경우가 많다.

리플랩스: 고성능 블록체인 기반 송금 실험

'글로벌 송금 시장 혁신'을 목표로 탄생한 기업 리플^{Ripple}. 이 회사는 평균 2~3일이 걸리고 수수료도 송금액의 3~7%에 달하는 기존 은행 간 송금 시스템^{SWIFT}의 구조를 바꾸기 위한 목적으로, XRP 원장^{XRPL}이라는 고속 블록체인을 만든데 더해, RLUSD라는 이름의 스테이블코인까지 발행했다. RLUSD는 XRPL과 이더리움 네트워크에서 동시에 발행된 다중체인 스테이블코인으로, 테더, 서클 등 기존의 단일체인 중심 스테이블코인과는 구조적으로 차별화된다. 특히 테더 등 다른 스테이블코인에 비하여 XRPL은 초고속 거래, 낮은 네트워크 수수료, 기존 은행과 파트너십을 통한 기업 송금 최적화 등의 장점이 있다.

RLUSD는 달러에 고정된 가치를 유지하면서도, 리플 네트워크를 기반으로 초고속 송금을 지원한다. 기존 금융 시스템에서는 불가능했던 속도와 수수료 수준을 동시에 해결한 셈이다. 예를 들어, 미국에서 필리핀으로 500달러를 보내는 경우를 생각해보자. 전통적인 은행 시스템에서는 20~30달러의 수수료가 들고, 며칠씩 시간이 걸린다. 반면 RLUSD를 이용하면 1달러도 안 되는 수수료로, 몇 초 만에 송금이 완료된다.[22]

이런 이유로 RLUSD는 '송금 특화형 스테이블코인'으로 주목받고 있다. 2025년 8월, 발행사 리플은 RLUSD의 실제 결제 과정을 직접 체험할 수 있는 데모를 공개했다. 이를 통해 RLUSD가 50개국 이상 시장에서 어떻게 활용될 수 있는지를 보여주었다. 또한 일본을 포함한 주요 시장에서 약 2,400만 달러 규모의 RLUSD를 발행하며, 글로벌 확산을 본격화하고 있다. 이는 국제 송금 시장의 변화를 예고하는 신호다.

페이팔: 결제 회사에서 스테이블코인 발행사

세계 최대 결제 기업인 페이팔이 2023년 8월 자체 발행한 스테이블코인 PYUSD는 전통 핀테크 기업의 최초 사례로 기록된다. 가장 주목할 점은 '결제 기업(페이팔)'이 '결제 수단^{PYUSD}'을 발행했다는 사실이다.

현재 PYUSD의 거래량은 테더나 서클에 비해 아직은 미미한 수준이다. 하지만 발행사인 페이팔은 전 세계적으로 4억 명이 넘는 이용자를 보유하고 있으며, 매년 수조 달러 규모의 결제를 처리하고 있다. 이런 막강한 인프라에 PYUSD가 결합한다면, 스테이블코인은 단순히 암호화폐 거래소 안에 머무르지 않고 실생활 결제로 확산될 가능성이 크다. 온라인 쇼핑, 개인 간 송금, 국가 간 결제 등 다양한 영역에서, PYUSD는 기존의 신용카드나 페이팔 결제와 나란히 사용될 수 있다.

다른 가상화폐와의 결합도 주목할 만하다. 페이팔은 비트코인과 이더리움을 P2P 결제 시스템에 연결하며, 기존 페이팔 생태계와 암호화폐를 통합하는 전략을 공개한 바 있다. 또한 가맹점 결제 기능에는 '암호화폐로 결제하기^{Pay with Crypto}' 서비스를 탑재했다. 이를 통해 사용자는 스테이블코인으로 결제하더라도, 가맹점은 즉시 현금으로 정산받을 수 있다.

그러나 PYUSD 확대 전략이 발행 기업인 페이팔 입장에서 호재인 것만은 아니다. 무엇보다 자사의 사업성이 정체되어 있는데 스테이블코인 사업에 나서는 것은 자칫하면 비효율적인 사업 다각화로 비춰질 수 있다. 예를 들어, 페이팔은 주당순이익^{Earnings Per Share, EPS}은 꾸준한 편이지만, 매출은 정체되어 있다. 2025년 1분기 매출이 전년 대비 1% 증가에 그칠 뿐이다. 뿐만 아니라 애플의 애플 페이^{Apple Pay}를 비롯하여 핀테크 분야 경쟁은 심화되고 있다. 이런 가운데, PYUSD 를 비롯한 스테이블코인 시장에 참여하는 것은 '사업 피봇' 차원에서 조금 더 지켜봐야 할 것으로 보인다.

팍소스: 규제 친화 기업 스테이블코인 발행하다

스테이블코인 인프라 기업 팍소스^{Paxos}는 업계에서 규제 친화적인 기업으로 잘 알려져 있다. 2015년 5월, 뉴욕 금융당국^{New York Department of Financial Services, NYDFS}의 승인을 받아 스테이블코인 USDP를 출시했다. 이후 2023년에는 운영 범위를 솔라나 블록체인으로 확장하며, 기술적 기반을 넓혔다.

비록 시장 점유율은 아직 미미한 수준이지만, USDP는 '가장 안전한 운영 모델'로 평가받고 있다. 발행 구조, 회계 처리, 법적 보호 장치 등 전반에서 전통 금융권에 준하는 수준의 투명성과 신뢰성을 갖추고 있기 때문이다. 페이팔의 PYUSD 역시 팍소스의 인프라를 기반으로 발행되고 있다. 이처럼 '백엔드 인프라' 차원에서 팍소스의 존재감은 점점 더 커지고 있으며, 스테이블코인 업계에서의 위상도 함께 높아지고 있다.

팍소스의 사례는 스테이블코인이 단순히 거래 편의 도구를 넘어서, 제도권 금융 인프라로 제도화될 수 있다는 사실을 알려준다. 앞서 2025년 8월엔 미국 전역에서 금융 서비스 사업을 운영할 수 있는 라이센스 취득을 위하여 통화감독청^{Office of the Comptroller of the Currency, OCC}에 국가 신탁 헌장 신청서를 냈다. OCC가 승인하면 팍소스는 현금 예금 수취, 혹은 대출은 어렵더라도 연방 감독 하에 자산 수탁과 결제 서비스를 제공할 수 있는 것이다. 뉴욕에 제한됐던 사업을 미국 전역으로 넓히는 것이다.[23] 이로써 테더, 서클 발행 기업과 스테이블코인 시장을 주도하기 위한 경쟁이 더욱 치열해질 수 있다.

PART 2

스테이블코인이
바꾸는
경제 구조

약해지는 금리의 힘,
흔들리는 중앙은행의 권위

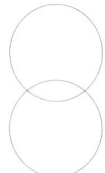

중앙은행이 경제를 조절하는 핵심 도구는 통화정책이다. 가장 일반적인 방식은 기준금리를 올리거나 내려 시중금리에 영향을 주는 것이다. 예를 들어, 한국은행이 기준금리를 인하하면 시중은행들도 대출 금리를 낮추고 예금금리도 함께 내려가는 경향이 있다. 이렇게 되면 기업은 더 낮은 이자로 돈을 빌릴 수 있으니 투자를 늘리고, 가계도 대출을 받아 소비를 늘리기가 쉬워진다.

반대로 기준금리를 올리면 대출이자가 올라 소비가 줄고 저축은 늘어난다. 이처럼 중앙은행의 금리 조정이 시중금리를 거쳐 대출·저축 등 실제 경제활동에 영향을 미치는 과정을 '통화정책의 전달 메커니즘'이라고 부른다.

앞서 언급했듯이, 스테이블코인은 달러 같은 법정화폐 가치에 연동되어 가격이 안정된 디지털자산이다. 특히 민간에서 발행한 스테이블코인이 외국 통화를 기반으로 할 경우, 해당 국가의 통화정책에 적지 않은 영향을 줄 수 있다. 원화 기준금리를 조절하는 정책이지만, 달러화로의 전환이 손쉽게 이뤄질 경우 그 효과는 대체될 수 있기 때문이다.

디지털 달러화, 통화 주권의 균열이 시작됐다

극단적으로 가정하면, 우리나라 사람이 원화 대신 달러 기반 스테이블코인으로 대부분 거래를 한다면, 마치 경제가 달러를 통화로 작동하는 것과 비슷하게 된다. 경제활동이 외국 통화로만 이루어진다면 국내 통화(원화)는 소외되는 것이다. 일부 동남아 국가들이나 중남미 국가들에서 모든 상품의 가치 표시가 달러화로 이루어지고 있는 경우가 있는데, 경제에서는 통화 대체 또는 달러화dollarization라고 부른다. 스테이블코인의 확산은 디지털 기술을 통해 이러한 통화 대체를 훨씬 쉽게 만든다. 누구나 스마트폰만 있으면 달러 연동 코인을 주고받을 수 있기 때문이다. 과거에는 외화를 확보하기 어려웠던 사람들도 손쉽게 '디지털 달러'를 사용하는 시대가 온 것이다.

IMF는 외국 통화로 표시된 스테이블코인의 도입이 한 나라의 통화 대체를 가속화할 수 있다고 경고한다.[1] 실제로 IMF는 암호자산의 급속한 확산이 경제의 달러화를 강화하는 현상을 '크립토화cryptoization'라고 부르며 경계하고 있다. 이는 암호화폐 기술로 인한 새로운 형태의

스테이블코인의 모든 것

달러화 현상인데, 특히 금융 시스템이 약한 신흥국에서 뚜렷하게 나타날 수 있을 것으로 우려한다.

국제결제은행도 비슷한 우려를 표한다. 국제결제은행은 스테이블코인이 국가의 통화 주권을 약화시키고 자본 유출을 촉진할 수 있어, 금융 안정성에 위협이 될 수 있다는 것을 지적한다.[2] 한마디로, 우리 경제가 원화 대신 미 달러에 기대면, 중앙은행이 국내 통화를 통해 경제를 조절하는 힘이 약화될 수밖에 없다는 주장이다. 경제 곳곳에서 원화 대신 달러 연동 코인이 쓰이면 한국은행이 금리를 올려도 그 신호가 스테이블코인 경제 아래 작동하지 않을 수 있다.

다시 말해, 스테이블코인의 확산은 금리 정책의 전달 경로를 흔들 수 있다. 통화정책의 핵심은 중앙은행의 금리 조정이 시중금리를 통해 실물경제에 영향을 주는 연결 고리에 의존한다. 그런데 이 고리에 스테이블코인이 끼어들면 문제가 발생하는 것이다.

예를 들어, 국내 은행을 통하지 않고 해외에서 달러 스테이블코인을 조달해 쓰는 기업이 많아진 상황을 생각해보자. 한국은행이 금리를 올려도, 기업들은 어차피 달러 자금을 쓰고 있으니 국내 금리 인상의 영향이 직접 미치지 않게 된다. 더구나 디파이라는 글로벌 가상자산 금융 시스템에 의존한다면 이러한 경향성이 커질 수밖에 없다. 개인들도 마찬가지다. 사람들이 원화 예금 대신 달러 스테이블코인을 저축 수단으로 선호하게 되면, 한국은행이 금리를 높여도 사람들은 '그래도 내 달러 코인은 이자 0% 그대로네'라고 하고 별로 소비를 줄이지 않을 수 있다.

IMF는 이런 상황에서 국가별 통화정책의 유효성 저하를 경고한다. 외화 스테이블코인 사용이 늘면 통화정책 전달이 약화되어 중앙은행이 충격에 대응하기 위해 금리를 더욱 큰 폭으로 움직여야 하는 상황이 올 수 있다고 주장한다. IMF 보고서는 '스테이블코인 확산으로 통화정책 전달이 약해져 중앙은행이 더 공격적으로 금리를 조정해야 했다'라는 모형 결과를 소개하고 있다.[3] 중앙은행 입장에선 운전대(금리)를 열심히 꺾어도, 바퀴 한쪽이 헛도는 차량을 모는 상황이 발생하는 것이다. 이렇게 되면 정책의 파급력은 떨어지고, 경제 주체들의 기대심리 관리도 어렵게 된다. 금리 변화에 둔감한 이중 경제가 형성되면, 중앙은행의 의도와 달리 일부 부문에 과열이나 침체가 이어질 수 있다는 우려다.

중앙은행의 유동성 조절 능력을 시험하는 시대

스테이블코인의 확산은 중앙은행의 유동성 관리 능력을 시험대에 올릴 수 있다. 중앙은행은 통화량 조절과 환율 개입 등으로 시중 자금의 유동성을 관리한다. 그런데 민간 스테이블코인을 통해 자금이 국경 밖으로 쉽게 이동하거나, 통화당국의 눈을 피해 흐르면 기존 정책 수단이 힘을 잃을 수 있다. 국내 투자자나 기업이 원화를 스테이블코인으로 바꾸는 순간, 그 돈은 블록체인상에서 해외 달러 자산으로 바뀐다. 중앙은행이 아무리 국내 유동성을 줄여도, 사람들이 해외에서 디지털 달러를 끌어다 쓰면 국내 금융 조건을 조이는 효과가 반감될 수밖에 없는 것이다.

실제 IMF는 '스테이블코인의 광범위한 사용은 통화정책의 효과성을 저해하고, 자본 흐름 관리 조치를 우회할 수 있다'라고 경고한다. 이미 신흥국에서는 달러 예금을 달러 기반 스테이블코인으로 대체하면서 국내 은행에서 해외로 자금이 빠져나가는 현상이 나타나고 있다.[4]

달러 자산 간의 대체도 문제가 될 수 있다. 만약 개인 간 외화예금을 USDT 같은 스테이블코인으로 바꾸게 된다면, 국내 은행에 있던 달러 예금이 스테이블코인 발행사의 준비자산으로 넘어간다. 이러한 자금 유출은 해당 국가 통화의 변동성을 높이고 성장에 압력을 줄 수 있다. 정부가 외환이나 자금 이동을 통제하려 해도, 스테이블코인을 통한 거래는 규제를 우회할 수 있어 통화당국의 거시건전성 정책마저 무력화시킬 수 있다. 한 마디로, 중앙은행이 경제에 푸는 돈의 양과 흐름을 통제하기 어려워지게 된다.

위에서 설명한 메커니즘들은 이미 일부 국가에서 현실로 나타나는 조짐이 보이고 있다. 남미의 아르헨티나가 대표적 사례다. 아르헨티나는 오랜 인플레이션과 페소화 가치 폭락으로 악명이 높다. 그러다 보니 시민들은 오래전부터 미국 달러를 가치 저장 수단으로 선호했다. 그런데 최근에는 달러 지폐 대신 미국 달러에 연동된 스테이블코인이 그 역할을 부분적으로 대체하고 있다. 또한 몇몇 국가에서는 통화 가치가 급락할 때마다 스테이블코인 거래량이 급증하는 현상이 관찰된다.[5] 일반 국민들이 스테이블코인으로 재산을 지키는 현상이 두드러지면서, 경제 일부가 사실상 디지털 달러화된 모습을 보이고 있다. 베네수엘라나 터키, 나이지리아 등 고인플레이션 국가들도 유사하게 스테이블코인 열풍이 보고되고 있다. 긍정적인 관점에서는 시민들이 민간 디지털 달러로 경제적 자구책을 찾은 셈이지만, 거시적으로는 해당 국가 중앙은행의 통화정책 효과 약화와 금융 불안정성이 우려되는 것이다.

중앙은행이 직접 경제를 조절하는 시대의 서막

이와 같은 우려에 중앙은행들도 손을 놓고 있지 않다. 민간 스테이블코인에 대응하여 각국 중앙은행이 발행을 검토 중인 중앙은행의 CBDC는 통화정책의 새로운 무기이자 동시에 양날의 검으로 거론되고 있다.

CBDC가 통화정책에 미치는 영향은 무엇일까? 현재의 통화정책은 은행 등 금융 기관을 거쳐야 일반 국민에게 영향이 미친다. 예를 들어 기준금리를 올려도 시중은행이 예금금리를 얼마나 올리느냐에 따라 가계의 체감 정도가 달라질 수밖에 없다. 그런데 만약 CBDC에 이자를 붙일 수 있다면, 중앙은행은 국민 개인의 지갑 속 디지털 현금에 직접 금리 신호를 보낼 수 있다. 이를테면 중앙은행이 발행한

CBDC를 국민이 전자지갑에 보유하고 있을 때, 중앙은행이 그 잔액에 대해 연 -0.5%의 이자를 부과한다고 가정해보자. 사람들은 가만히 앉아 있어도 돈이 줄어드니 소비나 투자를 늘려야겠다고 생각할 것이다. 반대로 경기 과열 시에는 CBDC에 플러스 금리를 제공하여 사람들이 돈을 쓰기보다 지갑에 보관하도록 유도할 수도 있다.

이처럼 보상형 CBDC*를 도입하면 중앙은행은 은행을 통하지 않고도 정교하게 설계된 금리를 국민 경제에 전달할 수 있는 새로운 수단을 얻을 수 있다. 현금이 지닌 제로(0%) 금리 한계를 넘어, 필요하면 마이너스 금리 정책까지 구현할 수 있는 것이다. 국제결제은행 보고서는 CBDC가 도입되면 중앙은행이 목표에 따라 이자를 붙이거나, 심지어 음의 이자율을 적용하는 것도 가능해진다고 언급한다.[6] 현금 시대에는 불가능했던 이런 정책들이 디지털화폐 환경에선 현실화될 수 있다는 의미다.

이런 특성 덕분에 몇몇 전문가는 CBDC가 통화정책의 전달력을 강화하는 보조 장치가 될 수 있다고 평가한다. 예를 들어, 국제결제은행 보고서는 CBDC 이자율을 경제 상황에 맞춰 유연하게 조정하면 통화정책의 국제 파급이나 부작용을 줄이는 데 도움이 될 수 있다고 주장한다.[7] 중앙은행이 CBDC 금리를 실시간으로 조절하여 경제 과열을 식히는 등의 방식으로 미세 조정이 가능하다는 것이다.

---

* CBDC를 발행할 때, 개인이나 기업이 보유·사용하는 것에 대해 일정한 '보상(이자·혜택 등)'을 제공하는 형태.

더욱이 필요하다면 CBDC를 통해 국민 개개인에게 직접적인 지원금을 지급하거나 특정 부문에 자금을 투입하는 등, 기존에 재정정책과 구분되던 영역까지도 활용할 수 있다는 의견이 있다. 마치 지역화폐처럼 말이다. 이는 물론 재정정책의 영역이기는 하지만, 프로그램 가능한 디지털화폐인 CBDC의 등장은 중앙은행에 새로운 도구를 쥐여줄 가능성이 있다. 특히 최근 몇 년간 전 세계적으로 금리가 매우 낮아지면서 통화정책의 한계가 지적되어 왔는데, CBDC는 그 활로를 열어줄 창의적인 해법으로 기대를 모으기도 한다.

사라지는 예금, 흔들리는 금융 시스템

한편으로 CBDC 도입에는 중대한 고민거리가 따른다. 바로 은행 시스템에 대한 영향, 다시 말해 금융 중개의 축소 우려다. 쉽게 말해, 사람들이 CBDC를 널리 쓰게 되면 굳이 은행 예금을 보유할 필요가 없다. 기존에는 은행이 예금을 받아 그 돈으로 기업에 대출하는 중개자 역할을 해왔는데, 만약 모든 국민이 중앙은행 디지털화폐만 들고 있다면 은행의 역할이 줄어들 것이다. 은행 입장에서는 자금의 원천인 예금이 빠져나가니 대출 여력이 감소하고, 외부에서 더 비싼 자금을 끌어와야 할 것이며, 이에 따른 자본 조달 금리 상승도 우려될 수 있다.

이는 전 세계 중앙은행이 CBDC 설계 시 가장 신경 쓰는 부분이다. 그만큼 은행이 금융 안정 시스템에서 담당하던 역할이 중요했기 때

스테이블코인의 모든 것

문이다. 실제로 다수의 중앙은행은 CBDC로 인한 은행 예금 유출을 최소화하기 위해 1인당 보유 한도, 거래 한도, 차등 금리 등 여러 안전장치를 고민하고 있다. IMF 연구도 대부분의 중앙은행이 CBDC 설계에 예금 대량 이탈 방지 장치들을 검토 중이며, 이러한 장치가 있다면 CBDC 도입이 통화정책에 큰 충격을 주지 않고 안정적으로 이루어질 가능성이 높다고 평가한다.[8]

저금리 시대가 키운
스테이블코인

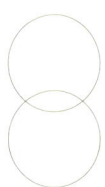

2008년 글로벌 금융위기 이후 주요 중앙은행들은 경제를 살리기 위해 파격적인 통화정책을 펼쳤다. 그 대표적인 수단이 바로 초저금리 정책과 양적 완화로, 중앙은행이 금리를 역사상 유례없는 수준으로 낮춤과 동시에, 시중에 직접 돈을 풀어 국채나 기타 자산을 대량으로 사들이는 정책이다. 이렇게 풀린 돈은 갈 곳을 찾아 흘러가며 거의 모든 자산의 가격을 부풀려 놓았다.

글로벌 금융위기 이후 은행 예금 금리는 떨어졌고, 국채 같은 안전 자산의 이자도 크게 떨어졌다. 돈이 넘치지만 마땅한 투자처는 부족한 상황에서, 투자자들은 자연히 더 나은 수익처를 찾아 나설 수밖에 없었다. 그 과정에서 주식이나 부동산 같은 전통 자산은 물론, 금이나 원자재 등 대체 자산도 들썩였다. 특히 2009년에 등장한 비트코인을 필두로 한 가상자산 시장도 점차 세상의 관심을 끌게 되었다.

가상자산 급등 뒤에는 항상 스테이블코인이 있었다

풍부한 유동성 자체가 가상자산 가격을 끌어올렸다. 한 연구에 따르면 미 연준의 대규모 자산 매입 정책은 유동성 효과를 통해 비트코인 가격에 장기적인 상승 압력을 가한 것으로 나타나고 있다.[9] 쉽게 말해, 중앙은행이 돈을 풀면 그 일부가 가상자산 시장으로 흘러들어 가격을 밀어 올리는 경향이 있다는 것이다. 2020년 코로나19 위기 국면은 이러한 경향이 뚜렷하게 나타난 대표적 사례다. 팬데믹 충격으로 각국 중앙은행이 사상 최대 규모의 유동성을 공급하고, 정책금리를 대폭 인하하자 가상자산 시장은 그 어느 때보다 뜨거워졌다.

역사상 유례없는 초저금리 상황과 함께, 달러 등 주요 통화의 가치가 약해질 것이라는 불안이 키졌고, 넘치는 시중 자금은 비트코인과 같은 가상자산으로 쏠렸다. 그 결과, 비트코인은 단순한 위험 자산을 넘어 인플레이션 헤지와 가치 저장 수단으로까지 주목받게 되었다.

가상자산 시장의 확장 과정에서 밑바탕이 된 중요한 인프라가 스테이블코인이다. 은행 계좌를 통해 거래소와 직접 연결하는 한국과 달리 대다수의 글로벌 가상자산 투자자들은 달러를 스테이블코인으로 바꾸어 가상자산 투자에 나섰다. 더욱이 비트코인 ETF와 같이 가상자산 가치 연동 자산이 없었을 때는 스테이블코인에 의존할 수밖에 없는 상황이었다. 가상자산 시장이 팽창하면서 스테이블코인은 폭발적 성장을 보였다.

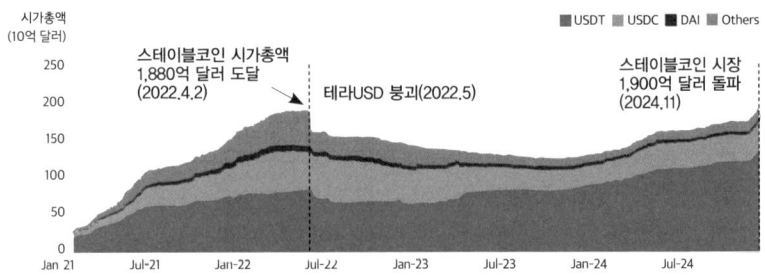

그림 2-1 · 2021~2024년 7월 간 스테이블코인 시장 규모.
시장 대부분을 USDT와 USDC가 차지하고 있음을 알 수 있다.

풍부해진 유동성은 새로운 투자 수요를 창출했으며, 시중에 돈이 많이 풀리면 그 돈은 수익을 찾아 움직인다. 특히 2020년 이후 각국에서 돈이 풀리자 주식·부동산뿐만 아니라 가상자산 시장에도 신규 자금이 대거 유입됐다. 가상자산 거래를 위해서는 달러를 바로 쓰기보다 달러 연동 토큰인 스테이블코인이 편리하게 쓰였다. 한국과는 달리 해외 거래소는 스테이블코인이 거래의 단위로 사용되었기 때문이다.

0% 금리 시대, 스테이블코인은 어떻게 수익을 만들었나?

초저금리 환경에서의 수익 추구 역시 스테이블코인과 밀접한 관련이 있다. 은행 예금 금리가 0%에 가깝던 시기에, 일부 투자자들은 오히려 스테이블코인을 활용한 탈중앙 금융에서 연 5~10%의 이자를 얻었다. 이런 과정에서 스테이블코인에 대한 수요가 증가한 측면이 있다. 달러 현금보다 높은 수익률을 보장하는 스테이블코인으로 자금 수요가 쏠릴 수 있었다. 스테이블코인 혹은 스테이블코인을 통해 가상자산을 구매하는 식으로 높은 이자를 획득할 수 있었다.

물론 스테이블코인 자체는 이자를 보장하지 않는다. 스테이블코인을 통해 다른 가상자산을 사서 금융활동에 사용하는 경우도 있지만, 스테이블코인을 거래소·핀테크가 예치·렌딩 상품으로 운용해 이자를 지급하는 경우가 있다. 이는 발행사가 주는 금리가 아니라 중개 플랫폼의 상품 금리다. 예금보험 없는 상태에서 계약 상대방에 대한 위험이 존재함에 따라 일반 예금보다는 위험성이 크기 때문에, 이에 따라 보상률, 즉 이자도 좋은 편이라고 할 수 있다.

금리가 내릴수록, 위험자산은 더 탄력을 받는다

뿐만 아니라 가상자산은 기술주적 성격이 강하다. 현재의 확실한 현금흐름보다 미래의 네트워크 성장과 사용성에 대한 기대가 가격을 크게 좌우하고, 규모의 경제, 네트워크 효과, 우승자 독식Winner-take-most 같은 무형자산 중심의 성장 논리가 작동하기 때문이다. 이러한 특성은 전통 주식 중에서도 장기 듀레이션이 큰 성장주, 테크주와 비슷한 민감도를 만들게 된다. 더욱이, 점차 기관 투자자들이 늘어나며 전통적인 자산의 영역으로 가상자산이 들어옴에 따라 이러한 경향성이 커진다고 할 수 있다. 이는 기술주적인 측면을 보다 더 잘 이해하게 되었기 때문이다. 즉 가상자산의 가치는 미래의 성장성에 기반하고 있기 때문에, 할인율이 낮아질수록 멀리 있는 기대 가치의 현재 가치가 급격히 커지고, 그만큼 가격 탄력도와 변동성이 커지는 구조다.

이에 따라 금리 인하 시에는 두 가지 경로로 위험자산 선호가 강화된다. 첫째, 할인율 경로로서 기준금리와 실질금리가 내려가면 먼 미래의 성장 기대를 반영하는 자산, 특히 테크주와 가상자산 등의 현재 가치가 더 크게 상승한다. 둘째는 이미 언급한 유동성 경로로서 차입비용이 낮아지고 레버리지·마진 제약이 느슨해지면서, 안전자산에 머물던 자금이 더 높은 수익을 노리고 위험자산으로 이동한다. 동시에 예금, 현금성(스테이블코인 포함) 대비 기회비용이 낮아져 디파이·알트코인 등으로의 회전이 쉬워지고, 달러가 약세로 기울면 달러 표시 위험자산에 추가적인 추세가 붙을 수 있다.

가상자산 생태계가 이러한 기술주적 성격을 내포한다면 자연스레 금리 인하 시 스테이블코인의 활용 폭이 늘 수밖에 없다. 가상자산 시장에 안정된 가치 평가를 바탕으로 혈액을 공급하는 스테이블코인은 가상자산의 밸류가 높아지고 기술 발전의 기대감이 형성될수록 사용 폭이 늘어나는 것이다. 이러한 경향성은 기존의 가상자산이 전통적인 금융시장으로 편입되면 될수록 더 현저하게 드러날 수밖에 없을 것으로 보인다.

학술 연구들은 금리 인하 또 이에 따른 양적완화가 가진 스테이블코인 시장의 활성화 현상이 단순한 우연이 아님을 보여준다. 국제결제은행은 통화정책 환경이 스테이블코인 수요에 큰 영향을 미쳤음을 언급한다.[10] 중앙은행이 금리를 올리고 유동성을 거둬들이면(즉 통화 긴축을 하면) 암호화폐 가격이 하락하고 투자 심리가 위축되면서 스테이블코인 발행액도 줄어드는 경향을 확인하였다. 반대로 말하면, 금리가 낮고 시중자금이 풍부한 통화 완화적 환경이 스테이블코인 시장을 키우는 배경이 되었다는 것이다. 실제로 2022년 이후 미국 연준이 금리 인상과 자산 매입 축소에 나서자 한때 성장 일변도이던 스테이블코인 시가총액이 정체되거나 소폭 감소하는 모습도 관찰됐다.[11] 즉 통화정책, 특히나 통화 완화 정책이 스테이블코인, 더 나아가 가상자산 시장 활성화 전반에 긍정적인 영향을 미친 것이다.

통화 주권을 위협하는 스테이블코인의 부상

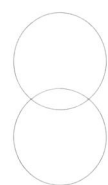

통화 주권은 한 국가가 자국의 화폐와 통화정책을 스스로 결정하고 통제할 수 있는 권한을 말한다. 쉽게 말해, 나라 경제의 '돈줄'과 '이자율'을 동시에 쥐고 있는 것이다. 이를 통해 통화 주권을 가진 중앙은행은 이자율을 올리거나 내리고, 시중에 돈을 풀거나 거둬들이며, 물가와 경기 안정을 도모한다. 통화 주권은 통화정책의 핵심 수단이며, 물가 안정과 금융질서 유지를 위해 쓰인다.

통화 주권이 흔들린다는 것은 국가가 더 이상 자유롭게 통화정책을 펼치기 어려워진다는 뜻이다. 자유롭지 않은 통화정책이 반드시 나쁜 것은 아니다. 금융시장이 발전되지 않고, 포퓰리즘적 통화정책 우려가 있는 개발도상국들은 달러화를 이중 통화로 사용하면서 오히려 금융 안전성을 도모할 수 있다. 그러나 경제 규모가 커진 일반 국가에서 이러한 통화정책의 제약은 경기변동과 물가를 관리하는 일에

커다란 제약이 된다.

사라지는 이자율의 힘, 스테이블코인이 끼어들다

스테이블코인, 특히 외화 스테이블코인은 자국 통화의 역할을 대신하고 통화 주권을 약화시킬수 있는 메커니즘으로 제시된다. 스테이블코인이 자국 통화를 대체하는 경로를 단계별로 살펴보자. 먼저, 일반 사람들이 현지 통화(원화 등)를 가상자산 거래소나 P2P 거래를 통해 스테이블코인으로 교환할 수 있다. 이렇게 손에 넣은 스테이블코인이 거래소를 떠나 스마트폰의 디지털 지갑에 보관되어 사용되게 된다면, 필요시 집세나 장보기, 심지어 급여 지급에도 직접 사용될 수 있다.

이러한 거래가 은행 계좌 없이, 사람끼리 메신저나 가상자산 앱을 통해 이루어지니, 사실상 은행 바깥에서 돌고 있는 새로운 화폐가 탄생한 것이다. 아직 이러한 개별 앱에 대한 활용도가 높지 않기 때문에 스테이블코인이 화폐로서 기능을 하는 역할을 찾아보기가 어렵지만 우리나라도 외국인 노동자의 임금을 테더 같은 스테이블코인으로 지급하는 사례가 생겨나고 있다.[12] 실생활 거래에서 사용하는 것 역시 그리 멀지 않은 일이다.

중앙은행이 통화정책을 펴는 이유는 시중 경제에 흐르는 유동성과 금리를 조절하여 물가와 경기를 안정시키려는 것이다. 그런데 달러 기반 스테이블코인이 널리 쓰이는 상황에서는 이런 통화정책의 전통적인 전달 경로에 장애가 생긴다. 중앙은행의 금리 결정은 은행들의 예금 금리와 대출 금리를 움직이고, 이 변화가 가계와 기업의 소비·투자 행동에 영향을 주는 일종의 기어 장치와 같다. 중앙은행이 이자율이라는 페달을 밟으면 시중은행이라는 기어를 거쳐 실물경제라는 바퀴가 구르는 구조다.

그런데 이러한 금리는 국내 적용 금리다. 경제주체들이 만약 시중은행을 거치지 않고 스테이블코인 같은 해외 통화로 자금을 운용한다면, 중앙은행이 페달을 힘껏 밟아도 바퀴에 전달되는 힘이 약해질 수밖에 없다. 글로벌 금융 체계를 모니터링하는 금융안정위원회 Financial Stability Board, FSB 와 IMF 연구도 스테이블코인 사용이 확산할 경우 중앙은행 정책금리를 인하하거나, 인상해도 그 영향이 약화되어 기존보다 경기 부양이나 억제 효과가 떨어질 수 있음을 시사한다.[13] 사람들이 국내 금리나 유동성 정책에 둔감해질 수밖에 없는 것이다.

은행 없는 돈의 시대, 중개 기능이 무너진다

특히 은행 예금과 대출을 통한 통화정책 전달 메커니즘 자체도 크게 흔들릴 수 있다. 많은 국민이 예금을 인출해 스테이블코인으로 바꾸면, 시중은행들은 대출 재원을 잃게 되고 여신 기능이 위축된다. 금리 변화가 대출금리 등 조절을 통해 역할을 할 수 있는 물량 자체가 줄어드는 것이다. 결국 이러한 외화 표시 스테이블코인 증가의 시사점은 중앙은행이 통화정책을 할 때 더 많은 양적 변화를 요구한다. 작은 규모의 정책금리 변화나 그에 따르는 유동성 공급 정책의 변화로는 물가 안정과 같은 원하고자 하는 정책 목표를 달성할 수 없는 것이다.

은행 입장에서는 디지털 시대의 뱅크런에 대한 우려가 커진다. 과거 뱅크런이란 은행에 돈을 맡긴 사람들이 한꺼번에 예금을 찾아가는 바람에 은행이 무너지는 사태를 말했다. 그러나 이제는 고객들이 굳이 현금 인출을 하지 않더라도, 스마트폰 앱에서 몇 번의 클릭으로 예금을 스테이블코인으로 전환할 수 있다. 즉 사람들의 거시경제 환경 변화나 금융 시스템 안정성에 대한 인식 변화에 따라 급격하게 뱅크런이 발생할 수 있다. 원화 예금을 스테이블코인으로, 특히 외화 스테이블코인으로 빠르게 전환하는 것이다.

몇몇 연구는 이러한 스테이블코인 확산이 은행의 중개 기능을 약화시키고 통화정책의 파급력을 떨어뜨릴 뿐만 아니라, 경기 침체 시 충격을 더 증폭시키고 은행 부실 위험을 높일 수 있다고 분석한다.[14]

외환시장까지 번지는 충격, 환율 불안정의 도미노

더 나아가 스테이블코인의 확산은 외환시장에도 새로운 변수를 만든다. 즉 현 금융 감독 체계에서 직접 관리가 어려운 비공식 외환시장이 등장하거나, 자본 유출입이 쉽게 일어날 수 있다. 예를 들어, 다수의 사람이 자국 통화를 팔고 스테이블코인을 사는 행위는 달러를 사들이는 것과 유사한 효과를 같은 효과를 낼 수 있는데, 이 과정에서 '거래소 외 환율'이 나타날 가능성도 무시할 수 없다.

더 큰 문제는 국가 경제 위기가 왔을 때 우리나라 원화를 빠르게 빼내서 외화 스테이블코인을 살 가능성 역시 증가한다는 것이다. 민약 이러한 외화 스테이블코인을 통한 달러 매입 수요가 급격하게 늘어나면 환율에 급격한 변동 압력을 주어 중앙은행이 감당하기 어렵게 만들게 된다. '통화가치 하락에 대한 공포 → 스테이블코인 매수 증가 → 자국 통화 매도세 → 환율 상승'이라는 악순환이 벌어질 위험이 있다. 통화 주권과 금융 안정성에 불안정 요소로 작용할 수 있는 것이다.

1달러를 지키기 위한
신뢰 전쟁

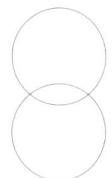

전 세계적으로 가장 널리 사용되는 스테이블코인들은 달러에 연동되어 있으며, 현재 유통 중인 규모는 약 2,000억 달러를 넘어선다.[15] 이처럼 가치를 안정적으로 유지하려면, 각 스테이블코인마다 설계에 맞는 다양한 보전 방식이 필요하다.

스테이블코인 페깅 방식 가운데 가장 단순하고 직관적인 것은 준비자산 기반 메커니즘이다. 쉽게 말해, 발행자가 금고에 실제 달러를 보관하고, 그에 대한 증표로 암호화폐 토큰을 발행하는 방식이다. 일상적으로 비유하자면, 은행 금고에 1달러짜리 지폐를 차곡차곡 쌓아 두고, 그 영수증을 전자 토큰으로 나눠주는 것과 같다. 각 토큰은 금고 속 1달러와 1:1로 대응하기 때문에, 언제든지 발행자에게 해당 토큰을 상환하면 1달러를 돌려받을 수 있다.

준비자산(리저브)이 모든 토큰마다 실물 가치로 뒷받침되므로, 토큰의 가치는 자연스럽게 1달러 수준에 고정된다. 이는 과거 금본위제 시절, 정부가 금을 100% 비축하고 그만큼의 지폐를 발행했던 원리와 유사하다. 실물 자산을 담보로 한 신뢰 구조라는 점에서, 지금의 스테이블코인 방식은 오래된 통화제도의 현대적 복원이라 할 수도 있다.

그러나 발행사 입장에서 현금을 그대로 묵혀 두는 일은 비생산적일 수 있다. 정부가 보증한 국채 같은 투자 자산을 활용해 수익을 내면서, 동시에 안정성을 유지하는 편이 더 합리적이다.

예를 들어, 리저브 기반 스테이블코인인 USDT나 USDC는 발행한 토큰 수만큼의 달러 현금이나 미국 국채를 준비금으로 보유한다. 그리고 회계법인의 감사 보고서를 주기적으로 공개하며 '토큰을 동일한 가치의 달러로 교환할 수 있다'라는 점을 밝힌다.[16] 이렇게 준비자산으로 가치를 커버^{cover}해 준다는 면에서, 리저브 기반 스테이블코인은 마치 잔고가 확보된 수표$^{coverd\ check}$를 발행하는 것과 비슷하다고 볼 수 있다.

차익거래가 만든 기묘한 안정성

리저브 기반 스테이블코인의 상환 메커니즘은 시장 안에서 자체적인 가격 안정화 장치로 작동한다. 발행사가 1토큰당 1달러로의 교환을 보장하기 때문에, 시장 가격이 1달러 아래로 떨어지면 투자자들은 싼값에 토큰을 매입해 발행사에 가져가고, 그 대가로 1달러를 돌려받는다. 이처럼 차익 거래가 일어나면, 시장의 매수세가 늘면서 토큰 가격은 다시 1달러에 수렴하게 된다. 반대로 시장에서 토큰 가격이 1달러를 웃돌 경우, 이용자들은 발행사에서 새 토큰을 1달러에 직접 구매한 뒤, 더 비싼 시장에 팔아 차익을 얻는다. 이 과정 역시 반복되며 가격을 다시 안정시킨다. 이렇게 리저브 기반 스테이블코인은 1:1 페깅을 자율적으로 유지하는 구조를 갖는다.

또한 구조가 단순하고 투명해 다른 유형의 스테이블코인보다 이해하기 쉽다. 알고리즘 기반 스테이블코인은 발행량을 자동으로 조절하는 복잡한 규칙이나 별도의 보조 토큰을 활용한다. 반면 리저브 방식은 '1코인 = 1달러'라는 명제가 핵심이어서 비전문가라도 쉽게 원리를 파악할 수 있다.

앞서 언급했듯이, 리저브 기반 스테이블코인의 가장 큰 장점은 항상 일정한 가치(1달러 등)를 유지한다는 것이다. 기존 가상자산이 하루에도 10% 넘게 등락하는 변동성으로 결제 수단으로 쓰이기 어려웠던 반면, 스테이블코인은 법정통화와 1대1로 연동된 가격 안정성을 내세운다. 안정적인 가치 덕분에 일상 거래나 국제 송금 등 실생활 결제에도 활용될 수 있고, 사업체나 투자자도 가격 변동 위험 없이 가상자산 속도와 편의성을 누릴 수 있다.

더욱이 리저브 기반 모델은 구조가 단순하고 이해하기 쉬워서 사용자 신뢰를 얻기 유리하다. 앞서 설명한 금고-영수증 비유처럼, 이용자 입장에서 스테이블코인은 '내가 준 1달러를 잘 보관해 두었다가 나중에 돌려주는 증표'와 같다. 특히 스테이블코인 기업의 정보 공개와 검증 절차는 사용자들로 하여금 '이 토큰 뒤에는 진짜 달러가 있으니 안심하고 사용할 수 있겠다'라는 신뢰를 심어 준다. 신뢰가 커지면 더 많은 이용자가 스테이블코인을 받아들이고, 네트워크 효과로 발행사 역시 성장을 이어갈 수 있다. 간단한 준비금 보관만으로 가치를 유지하기 때문에 운용 알고리즘이 복잡하지 않고 오류 가능성이 낮다는 점도 기술적 안정성의 장점이다.

엄밀히 말하자면, 리저브 기반 스테이블코인은 블록체인 위에 표시된 예금증서와 같다. 발행사가 토큰 보유자의 청구에 따라 언제든 법정통화로 교환해 주겠다고 약속하기 때문이다. 이러한 상환 가능성 덕분에, 시장에서 스테이블코인의 가치가 크게 흔들리더라도 최후의 구매자(발행사)가 항상 존재하는 셈이 된다.

예를 들어, USDC나 USDT의 경우 가격이 1달러 아래로 떨어지면 대규모 인출이 발생한다. 그런데 이러한 구조는 동시에, 토큰에 내재된 일종의 하한선을 형성하는 효과도 만들어낸다. '가격이 너무 떨어지면, 발행사에 가져가 1달러로 교환할 수 있다'라는 사실을 누구나 알고 있기 때문에, 공포에 의한 투매가 일정 수준에서 진정되면 가격은 다시 안정을 되찾는다.

이처럼 1:1 교환 보장은 스테이블코인 가격에 불안정성을 줄여주며, 사용자들도 필요할 때 손쉽게 현금으로 바꿀 수 있다는 유동성의 장점을 누릴 수 있다.

스테이블코인도 뱅크런이 난다

리저브 기반 페깅에는 몇 가지 구조적 위험이 숨어 있다. 스테이블코인의 대표적 실패 시나리오인 '페그 붕괴'는 여러 계기로 발생할 수 있다.

먼저, 리저브 기반 스테이블코인은 구조적으로 은행과 비슷하다. 많은 사용자로부터 법정통화를 받아 두고, 이를 증표처럼 토큰 형태로 발행한다. 평소에는 일부만 현금으로 보유하고, 나머지는 국채나 우량 채권 같은 자산에 투자해 이자를 번다. 이렇게 해서 발행 주체는 유동성과 수익성을 동시에 확보하려 한다. 문제는 단기간에 대규모 상환 요청이 몰릴 때 발생한다. 예치된 법정통화를 모두 돌려주려면 보유 자산을 급히 매각해야 한다.

그러나 해당 자산이 충분히 유동적이지 않으면, 제때 팔기 어렵거나 헐값에 처분해야 할 수도 있다. 그 결과, 일부 토큰 보유자는 제때 상환을 받지 못하거나, 1달러 아래로 가치가 깎인 돈을 돌려받게 되는 상황이 벌어질 수 있다.

이러한 구조적 취약성 때문에 '스테이블코인은 머니마켓펀드와 유사한 런 위험을 가진다'라는 지적이 나온다. 실제로 2008년 9월 16일, 리먼 브라더스의 상업어음^{Commercial Paper, CP}에 대한 노출로 인해

Reserve Primary Fund가 기준가^{NAV}를 1달러 아래인 0.97달러까지 내리는, 이른바 '브레이크 더 벅$^{break\ the\ buck}$' 사건이 발생한 바 있다. 이로 인해 머니마켓펀드 전반에 걸친 대규모 인출 사태가 이어졌다.[17] 이처럼 안전자산으로 여겨지던 상품도 유동성 위기에 부딪히면 순식간에 신용 경색과 인출 사태로 번질 수 있다. 스테이블코인 역시 이러한 유동성 리스크에서 자유롭지 않다.

특히 발행사의 수익 추구 동기가 오히려 위험을 키우는 요인이 될 수 있다. 발행사는 이자 수익을 얻기 위해 준비금을 국채, 회사채, 대출 자산 등 다양한 금융 상품에 운용한다. 현금만 100% 보유해서는 수익이 나지 않기 때문이다.

하지만 유동성이 낮거나 원금 손실 위험이 있는 자산에 투자할 경우, 평소에는 이익을 보더라도 위기 상황에서는 문제가 불거질 수 있다. 결국 '항상 1달러에 교환한다'라는 약속과 수익 추구 사이에는 긴장이 존재하며, 이 균형이 무너지는 순간 스테이블코인은 은행처럼 지불 불능 사태에 직면할 수 있다.

투명성과 유동성이 신뢰를 가른다

게다가 리저브 기반이라고 해서 모든 발행사가 준비자산 정보를 투명하게 공개하는 것도 아니다. 몇몇 스테이블코인 발행사는 준비금 내역이나 보관처를 명확히 밝히지 않아 실제로 자산이 존재하는지 의문을 낳았다. 최대 규모 스테이블코인인 USDT는 한때 준비자산의 구성에 대해 불투명하고 모호한 보고만 내놓아 비판받았고, 2021년에는 준비금 현황을 오도한 혐의로 미국 당국에 벌금을 냈다.[18] 이러한 투명성 부족은 평소에는 문제가 드러나지 않았다가도, 한번 시장의 의심이 높아지면 신뢰도 추락으로 직결된다.

반대로 투명성이 높은 스테이블코인은 평소엔 신뢰를 얻지만, 역설적으로 단점도 있다. 준비금 정보를 상세히 공개하는 경우 오히려 문제가 있을 때 시장 반응이 매우 빠르게 나타나 가격이 곤두박질칠 수 있다. 예를 들어 2023년 3월 미국 실리콘밸리은행이 파산했을 때, 서류상 준비금이 안전하다고 여겨졌던 USDC조차도 8%가 넘는 준비금이 실리콘밸리은행에 묶여 있다는 사실이 곧바로 공개되었다.[19] 주말 사이 이 소식이 퍼지면서 공포가 확산했고, USDC 가격은 1달러에서 0.87달러까지 급락했다.

이는 투명성의 역설적인 측면도 있지만, 장기적으로 볼 때 투명성은 신뢰 확보의 필수 요소이며 이러한 사건을 통해 발행사들이 리스크를 재점검하는 계기도 마련되었다. 실제로 USDC 발행사인 서클은 실리콘밸리은행 사태 이후 준비금을 여러 은행에 분산 예치하고, 은행 영업시간과 무관하게 24시간 자금 이동이 가능한 결제망과 연계하는 등 안전장치를 강화했다.

리저브 기반 스테이블코인은 채권시장에 투자를 하기 때문에 전통 금융시장과 떼려야 뗄 수 없는 관계다. 준비금 자체가 달러 현금, 예금, 채권 등 기존 금융자산으로 구성되어 있으므로, 발행사는 거액의 자금을 은행이나 자산 운용사 등에 맡겨 운용한다. 이 때문에 전통 금융시장의 위험이 스테이블코인으로 전이될 우려가 있다. 대표적인 사례가 앞서 언급한 실리콘밸리은행 사태 당시 USDC의 페그 이탈이다. 은행 한 곳이 무너지자, 그 은행에 돈을 맡겨두었던 스테이블코인이 바로 영향을 받아 가격이 급락하는 전염 효과가 나타났다. 은행 위험의 가상자산 시장으로의 전이가 현실화된 것이다.

반대로 스테이블코인발 뱅크런 사태가 금융시장에 전이될 가능성도 지적된다. 예를 들어 규모가 큰 스테이블코인이 위기를 맞아 대규모 상환 요청이 밀려들 경우, 발행사는 보유한 안전자산(국채 등)을 한꺼번에 시장에 내던지게 될지 모른다. 평소에는 최고 안전자산으로 통하는 국채라도 한꺼번에 풀리면 가격이 급락할 수 있는데, 이를 '안전자산의 화급 매도$^{fire\ sale}$ 위험'이라고 한다. 국제결제은행은 스테이블코인이 성장하면 이런 꼬리 위험$^{tail\ risk*}$이 현실화되어 금융시장 전반의 안정성을 해칠 수 있다고 경고한다.[20]

루나 사태, 알고리즘의 달콤한 거짓말

채권과 같은 리저브를 통해 가치를 유지하는 스테이블코인과 달리, 다양한 형태의 스테이블코인이 제시되어 왔다.

---

* 현실에서는 아주 드물지만 큰 손실이나 큰 이익이 발생할 만큼, 확률 분포의 꼬리 부분에 해당하는 사건.

우선 알고리즘 스테이블코인은 전통적인 준비금 없이, 알고리즘과 토큰 구조를 통해 가치를 고정시키는 방식이다. 대표적인 모델은 '시뇨리지seigniorage 공유 모델'이다. 두 개의 토큰을 사용하는데, 하나는 달러 등에 페그된 스테이블코인이고, 다른 하나는 그 가치를 떠받치는 변동성 토큰이다. 예를 들어, 테라 생태계에서는 테라가 스테이블코인 역할을, 루나가 변동성 토큰 역할을 맡았다. 테라는 언제나 '1테라 ↔ 1달러 상당'의 루나로 교환할 수 있도록 설계되었다. 이는 테라를 오프체인 자산으로 담보하지 않고, 네이티브 토큰인 루나를 통해 그 가치를 보증한 것이다.

이러한 페그 유지 논리는 가격 차익거래에 기반한다. 테라 가격이 1달러를 웃돌면, 이용자들은 루나 토큰을 소각하고 테라를 발행받는다. 1달러 가치의 루나를 소각해 1테라를 얻은 뒤, 이를 시장에서 1달러 이상에 팔면 이익이 생긴다. 그 결과 테라의 공급이 늘어나고, 가격은 다시 내려간다. 반대로 테라 가격이 1달러 아래로 떨어지면, 이용자들은 테라를 싸게 사들여 1달러 상당의 루나로 교환한다. 이후 루나를 시장에 팔아 차익을 얻는다. 이 과정에서 테라가 소각(상환)되며 유통량이 줄어들고, 가격이 다시 상승하도록 유도된다. 이러한 공급량 조절 알고리즘으로 이론상 가격이 1달러에 수렴되도록 설계된 것이다.

그렇다면 가치가 불투명한 루나를 왜 사야 하는지 의문이 제기된다. 루나의 수익 구조는 배당처럼 현금이 자동으로 찍혀 나오는 모델이 아니라, ① 희소성(소각)에 따른 자본이득 ② 네트워크 수수료 배분(스테이킹 보상) 두 가지가 핵심이었다. 테라 체계는 테라를 새로 찍을 때 그만큼의 루나를 소각하여 발생시켰다. 테라 수요가 커질수록 소각되는 루나가 많아져 총발행량이 줄고, 남은 루나의 희소성이 커지며 가격 상승으로 이어졌다. 반대로 테라 수요가 줄면 시스템이 루나를 새로 찍어 테라 상환에 사용했고, 그 결과 루나 발행량이 늘어나 가격 하락 압력이 생겼다.

또한 루나는 테라 체인의 지분^{Proof-of-Stake} 토큰이었다. 검증인과 위임자는 검증 비용을 제외한 수수료를 보상받았다. 네트워크가 많이 쓰일수록, 거래량과 스왑이 늘수록 수수료 수입이 커지고, 그 일부가 루나 스테이커에게 돌아갔다.

재무적으로 생각해보자. 두 가지 메커니즘은 결국 테라의 수요에서 비롯된다. 테라 수요가 늘지 않으면 소각을 통한 가격 상승도, 네트워크 사용량에 따른 루나의 가치도 보장받기 어려운 구조였다. 테라는 이 수요를 20% 이상의 고금리를 약속하며 유인했다. 그러나 20% 이상의 고금리를 줄 수 있는 자산은 존재하지 않는다. 결국 후발 투자자의 자금을 받아 기존 투자자에게 돌려주는, 일종의 폰지^{Ponzi} 사기였다.

즉, 알고리즘 안정화는 시장 신뢰에 크게 의존했다. 한 번 균형이 무너지면 자체적인 방어 수단이 부족했다. 실제로 테라 사례에서, 수요 유지를 위해 앵커 프로토콜은 연 19.5%라는 비정상적으로 높은

스테이블코인의 모든 것

예치 이자를 제공했는데, 신규 테라 발행분을 보조금으로 충당하는 구조였다. 2022년 4월 무렵, 하루 보조금이 600만 달러에 달해 지속이 불가능한 수준에 이르렀다. 결국 커뮤니티가 이자율 인하를 결정할 정도로 거품이 커졌고, 루나 코인의 가치는 99% 이상 폭락하는, 이른바 '루나 폭락 사태'가 발생했다.

과잉담보로 버티는 스테이블코인, 진짜 안전할까?

과잉담보형crypto-collateralized 스테이블코인은 말 그대로 가치 이상의 담보를 확보해 가치를 안정화하는 방식이다. 대표적인 예가 메이커다오의 DAI, 그리고 2023년에 출시된 커브Curve 프로토콜의 crvUSD다. 이러한 스테이블코인은 온체인 담보를 예치한 뒤 대출 형태로 스테이블코인을 발행한다.

예를 들어, DAI의 경우 사용자는 이더나 기타 승인된 암호 자산을 담보로 스마트 컨트랙트 볼트*에 예치하고 해당 가치의 일정 비율(예: 150% 담보 비율이라면 최대 담보 가치의 2/3 수준)까지 DAI를 대출(생성)받는다. 모든 DAI는 이처럼 담보로 잡힌 부채에 의해 발행되며, 발행된 DAI보다 더 높은 가치의 가상자산이 시스템에 잠겨 있도록 설계된다. 따라서 각 DAI는 항상 초과 담보로 100% 이상 뒷받침되어

---

* 블록체인 기반의 스마트 컨트랙트와 관련된 개념으로, 특정 자산을 안전하게 보관하고 관리하며, 사전 정의된 규칙에 따라 자산을 운용하거나 유동성을 제공하는 데 사용된다. 주로 탈중앙화 금융 분야에서 쓰인다.

그림 2-2 · 과잉담보형 스테이블코인의 구조와 사례(DAI 발행 메커니즘)

가치가 보장된다.

페그 유지 원리는 담보 자산의 가치가 충분히 유지되는 한 비교적 단순하다. '담보 〉부채' 상태에서 안전마진이 크게 확보되기 때문에, DAI의 가격은 대체로 1달러 부근에서 안정된다. 설령 시장에서 일시적으로 디페그가 발생하더라도, 차익 거래를 통해 균형은 자연스럽게 회복된다.

예를 들어 DAI 가격이 1달러보다 높아지면, 사용자는 새 담보를 예치해 DAI를 발행한 뒤 비싼 값에 팔아 이익을 취하려 한다. 그러면 공급이 늘어나 가격이 다시 내려온다. 반대로 DAI 가격이 1달러보다 낮아지면, 투자자들은 시장에서 저렴한 DAI를 사들여 자신의 부채를 상환하는 데 쓴다. 싼 값에 모은 DAI로 1 DAI당 1달러 가치의 부채를 갚으면 이익이 남으므로, 이런 행동은 DAI를 시장에서 흡수하고

스테이블코인의 모든 것

가격을 다시 끌어올린다.

이처럼 과잉담보형 스테이블코인은 기본적으로 과잉담보와 자동 청산 메커니즘으로 안전성을 담보하고, 추가적으로 시장의 자율적 차익거래가 페그를 미세 조정하는 이중 구조를 갖는다.

자동 청산 메커니즘은 담보형 스테이블코인의 핵심이다. 담보 자산의 가치가 시장 변동으로 크게 하락할 경우를 대비해, 프로토콜은 담보 대비 부채 비율(담보율)이 임계치 아래로 내려가면 자동으로 해당 포지션을 정리한다. 메이커다오의 경우 담보가 일정 비율 미만이 되면 누구나 그 포지션을 청산할 수 있다. 시스템은 담보 자산을 경매에 부쳐 DAI를 확보한 뒤 부채를 상환하고, 남은 담보가 있다면 이를 반환한다. 이 과정에서 청산 페널티가 부과되며, 시스템 안정 비용으로 활용된다.

과잉담보형 스테이블코인은 탈중앙화와 투명성 측면에서 강점이 있다. 모든 담보와 대출 상태가 온체인 상에 공개되기 때문에, 각 DAI가 완전히 뒷받침되고 있는지를 실시간으로 검증할 수 있다. 또한 중앙 기관 없이, 스마트 계약과 탈중앙 자율조직^{Decentralized Autonomous Organization, DAO}에 의해 운영되므로, 전통적 준비금 스테이블코인에 내재된 발행자 신뢰 리스크를 줄이려는 철학을 담고 있다.

다만 이러한 구조에도 단점과 한계가 존재한다. 첫째, 담보 비율 유지가 어렵다. 담보로 쓰이는 자산이 가상화폐라면 변동성이 크기 때문에, 안전한 담보율을 유지하려면 필요 이상으로 높은 비율을 잡아야 한다. 둘째, 담보 가치가 급락하면 시스템이 이를 따라잡지 못해 일시적으로 저담보 상태에 빠질 수 있다.

실제로 2020년 3월, 이른바 '블랙 서스데이^{Black Thursday}' 사태에서 이더리움 가격이 폭락하자 메이커다오 프로토콜의 경매 시스템이 한때 원활히 작동하지 못했다. 이 과정에서 일부 담보가 헐값에 처분되고, 약 400만 달러 규모의 DAI 부채가 미상환되는 사고가 발생했다. 메이커다오는 비상 조치로 자체 거버넌스 토큰^{MKR}을 발행·판매해 부실을 메웠다. 이후 시스템을 보완하고, USDC 같은 중앙화 스테이블코인을 담보로 받아들이는 등 안정 장치를 강화했다.

이처럼 과잉담보형 모델은 상대적으로 안정적이지만, 극단적인 시장 상황에서는 담보 자산의 변동성 리스크를 완전히 제거할 수 없다는 한계가 있다.

스테이블코인의 모든 것

스테이블코인의
경제 심리학

법정통화에 가치를 1:1로 연동한 스테이블코인은 겉보기에는 가격 변동이 없는 자산처럼 보인다. 하지만 이 '안정성' 뒤에는 투자자들의 경제 심리가 깊숙이 작용한다. 무엇보다 시장이 불안할 때, 스테이블코인은 안전자산으로서의 역할이 두드러진다.

실제 연구에 따르면, 경제적 불확실성이 커지고 시장 전반에 부정적인 심리가 확산될수록 투자자들은 위험이 높은 가상자산의 비중을 줄이고, 스테이블코인을 일종의 디지털 피난처처럼 더 많이 보유하려는 경향을 보인다.[21] 예를 들어 암호화폐 시장이 급락할 때, 비트코인이나 이더리움 같은 변동성 자산 대신 USDT나 USDC 같은 스테이블코인의 수요가 눈에 띄게 증가한다. 이는 전통 금융시장에서도 투자자들이 불안 심리가 커질 때 달러나 금과 같은 안전자산으로 이동하는 현상과 유사하다.

1달러를 지탱하는 것은 준비금이 아니라 '신뢰'

반대로 신뢰가 훼손되면 스테이블코인 가격은 곧바로 출렁인다. 스테이블코인은 발행사가 충분한 달러 등 준비금을 가지고 있다는 신뢰에 의존한다. 만약 준비 자산에 대한 의문이나 루머가 퍼지면 사용자가 한꺼번에 환매를 시도하면서 일시적으로 페그가 흔들린다.

예를 들어 과거 테더를 둘러싼 각종 루머로 '테더가 곧 붕괴할지 모른다'라는 시장 공포가 커졌을 때, 한때 테더 가격이 1달러 아래로 떨어진 사례도 있었다.[22] 이런 코인런 우려는 스테이블코인에도 존재하며, 심리가 불안해지면 안정적이어야 할 가격이 흔들릴 수 있음을 보여준다. 결국 스테이블코인의 가치는 신뢰라는 심리적 기반 위에 유지된다. 사용자가 '언제든 1달러로 바꿀 수 있다'라는 믿음을 가질 때만 1달러 가치가 지켜지는 것이다.

또한 스테이블코인에 대한 선호와 확산에도 심리가 작용한다. 앞서 언급했듯 자국 통화 가치가 불안한 국가는 달러화에 대한 선호 심리가 강하다. 최근에는 이를 대체하는 달러 스테이블코인이 인기를 끌고 있다.

아르헨티나나 터키처럼 자국 통화가 급격히 평가 절하되거나 자본 통제를 겪은 나라는 달러 현찰을 구하기 어렵다. 그래서 사람들은 USDT 같은 스테이블코인을 사실상 대안 달러로 여기며 웃돈을 주고 사기도 한다. 이러한 현상은 '디지털 달러화'라 불린다. 일반 대중의

심리가 스테이블코인 수요를 창출한 대표 사례다.

반면 한국처럼 자본 유출입이 비교적 자유롭고 원화 신뢰도가 높은 시장에서는 체감도가 낮을 수 있다. 결국 사람들의 기대와 두려움, 신뢰 수준이 스테이블코인의 채택과 가격 안정성에 결정적 영향을 미친다.

제도화는 안도감을, 규제는 긴장감을 준다

규제와 정책 신호도 심리에 작용한다. 정부가 스테이블코인을 제도권에 편입하려는 움직임을 보이면 투자자 신뢰가 높아지고, 시장은 긍정적으로 반응한다. 예를 들어 미국 연준이 스테이블코인의 위험성을 지적하면서도 제도 마련을 언급하거나, 주요 국가에서 규제 윤곽을 제시하면 '이제 합법적인 금융상품이 된다'라는 심리가 확산된다. 이 과정에서 기관 투자자도 안심하고 참여하는 경향을 보인다. 반대로 규제가 불확실하면 투자 심리가 위축되어 스테이블코인 거래량이 줄고 성장세가 주춤할 수 있다.

이처럼 스테이블코인은 기술적으로는 알고리즘과 담보로 움직이지만, 그 토대에는 인간의 경제 심리가 깔려 있다. 이를테면 안정에 대한 믿음, 불안에 따른 대피 본능, 소문에 대한 군중 심리 등 말이다. 이런 것이 스테이블코인의 흥망을 좌우할 수 있는 것이다.

[미국 정치권의 스테이블코인 법안 통과, 글로벌 시장은 어떻게 반응했나?]

2025년 7월, 미국에서 사상 처음으로 연방법 차원의 스테이블코인 규제가 제정됐다. 이 법안은 '지니어스법'으로 불린다. 지니어스법은 스테이블코인 발행사에게 100% 현금이나 단기 국채 같은 고유동성 자산으로 준비금을 보유하도록 의무화했다. 또한 준비금을 매달 공개해야 한다는 규정도 담았다. 하원은 민주·공화 양당의 폭넓은 지지를 바탕으로 찬성 308표, 반대 122표라는 압도적 표차로 법안을 통과시켰다. 이어 도널드 트럼프 대통령이 서명하면서, 미국 역사상 처음으로 민간 스테이블코인을 위한 연방 규제 체계가 마련됐다.

업계는 이를 두고 '드디어 공식적인 합법 지위를 얻었다'라며 환영했다. 트럼프 대통령은 '이 법이 디지털 달러 시대의 미국 리더십을 공고히 할 것'이라고 강조했다. 미국 재무부 역시 '새 법체계가 달러의 기축통화 지위를 강화하고, 스테이블코인을 통해 미 국채 수요와 달러 경제 접근성이 확대될 것'이라고 기대감을 표했다.[23]

미국의 스테이블코인 법안 통과 직후 글로벌 시장은 긍정과 신중함이 교차하는 반응을 보였다. 우선 규제 불확실성이 해소되자마자 막대한 자금 유입이 감지됐다. 실제로 법안 발효 직후 약 40억 달러 규모의 자금이 전통 금융시장에서 스테이블코인 시장으로 유입된 것으로 추산된다. 스탠다드차타드는 새 법 시행으로 2028년까지 글로벌 스테이블코인 시장 규모가 2조 달러에 이를 수 있다고 전

스테이블코인의 모든 것

망했다.[24]

하지만 일부는 냉정한 평가를 내놓았다. 규제 강화로 스테이블코인 발행사의 수익 모델이 위축될 수 있다는 우려였다. 대표 발행사인 서클의 주가는 법 통과 후 급등했다가 곧 급락했다. 새 법은 발행 자격을 엄격히 제한하고, 보유자에게 이자 지급을 금지하는 대신 발행사만 준비금 운용 이익을 가져가도록 설계됐다. 투자자들은 이를 '제도권 편입의 대가로 사업성이 낮아질 위험'으로 해석했다.

세계 각국도 민감하게 반응하고 있다. 유럽연합은 이미 2024년 'MiCA 법안'을 통해 발행 요건, 준비자산 공시, 정기 감사를 의무화했다. 미국 법 통과 소식은 글로벌 공조 규제 논의에 탄력을 불어넣었다. 한국 금융당국도 원화 기반 스테이블코인 도입을 위한 법안을 2025년 10월 국회에 제출할 예정이다. 이 법안은 발행 규정, 담보 관리, 위험 통제 체계 구축 등을 포함한다.

가상자산 업계는 환영하는 분위기다. 가이드라인이 정립되면 은행, 소매업체, 소비자 모두 활용할 수 있다는 기대 때문이다. 그러나 시민단체와 일부 정치권은 우려를 제기한다. '빅테크가 스테이블코인 발행에 참여하면 이미 막강한 거대 기업이 더 큰 힘을 얻게 된다'라는 지적이 나온다. 자금세탁방지 등 법의 빈틈이 악용되어 미국이 금융 범죄의 피난처가 될 수 있다는 비판도 뒤따랐다.

요약하면, 미국의 스테이블코인 법제화는 글로벌 시장에 심리적 호재로 작용했다. 제도적 인정을 통해 투자자 신뢰가 높아지고 시장 성장이 촉진된 것이다. 다만 새 규제의 장단점에 대한 평가는 엇갈리면서 관련 기업 주가와 시장 참여 양상은 다소 불안정한 모습을 보였다. 그럼에도 업계 전반에서는 이번 지니어스법 통과가 스테이블코인을 주류 금융 인프라로 도약시키는 중요한 전환점이라는 데 이견이 없다.

스테이블코인 시장을
움직이는 네 가지 힘

스테이블코인 시장은 발행사, 거래소, 마켓메이커^{Market Maker}, 중개업체
^{Intermediaries}가 얽혀 있는 복잡한 구조 위에 서 있다. 각 주체가 맡은 역
할이 다르지만, 서로가 끊임없이 영향을 주고받으며 유기적으로 맞
물려 돌아간다.

발행사는 토큰을 찍어내고 준비자산을 관리하며, 거래소는 이 토큰
을 사고팔 수 있는 장을 열어준다. 마켓메이커는 필요한 순간 유동성
을 공급해 가격의 급격한 출렁임을 완화하고, 중개업체는 개인이나
기업이 손쉽게 스테이블코인을 활용할 수 있도록 다리를 놓는다. 이
처럼 여러 층위의 참여자가 촘촘히 연결된 구조를 이해해야 비로소
스테이블코인이 어떻게 안정적인 가치를 유지하면서 동시에 전 세계
금융 네트워크로 퍼져나가는지, 그리고 그 과정에서 어떤 힘이 작동
하는지까지 읽어낼 수 있다.

중앙은행 역할을 하는 '발행사'

스테이블코인 발행사는 일종의 민간 은행 역할을 한다. USDT의 테더사, USDC의 서클사가 대표적이다. 사용자가 달러 같은 법정화폐를 맡기면 발행사는 그에 상응하는 스테이블코인을 새로 찍는다. 반대로 사용자가 스테이블코인을 되돌려주면 준비된 법정화폐를 지급한다.

발행사는 항상 예치된 금액만큼 준비금을 보유해 코인 가치를 1달러에 고정한다. 또한 투명성을 위해 준비 자산 내역을 주기적으로 공시하거나 외부 회계 감사를 받아 이용자의 신뢰를 확보한다.

쉽게 말해 발행사는 스테이블코인의 중앙은행이자 담보 관리인이다. 테더사는 미 국채와 현금 등으로 800억 달러가 넘는 준비금을 쌓아두고 USDT 가치를 지킨다. 서클은 은행 파산 사태로 준비금 일부가 묶였을 때 즉시 부족분을 메우고 상황을 투명하게 공지해 USDC 신뢰를 지켰다. 이처럼 발행사의 신뢰도와 재무 건전성은 곧 스테이블코인의 가치와 직결되며, 이들의 역할이 시장 안정의 핵심 축이 되는 이유다.

디지털 달러가 거래되는 장, '거래소'

거래소는 스테이블코인이 실제 시장에서 유통·거래되는 장터다. 바이낸스, 코인베이스 같은 글로벌 거래소부터 업비트 같은 국내 거래소까지 대부분 스테이블코인 거래를 지원한다.

스테이블코인은 거래소에서 비트코인, 이더리움 등 암호화폐를 사고팔 때 기축통화처럼 쓰인다. 예를 들어 바이낸스에서는 비트코인(혹은 이더)으로 USDT를 팔거나 USDT로 비트코인(혹은 이더)을 사는 등의 거래 조합을 통해 거의 모든 코인을 사고팔 수 있다. 이는 거래소가 스테이블코인을 일종의 디지털 달러로 취급한다는 의미다.

거래소는 24시간 실시간 환전소 역할을 한다. 투자자들은 달러 송금을 거치지 않고도 스테이블코인을 통해 손쉽게 자산을 교환할 수 있다. 그 결과 암호화폐 시장 전체 거래에서 스테이블코인이 차지하는 비중이 크게 늘어 현재는 60% 이상을 기록한다. 실제로 USDT는 하루 거래량이 수백억 달러에 달하며, 전 세계에서 가장 많이 거래되는 암호화폐가 되었다.

거래소 입장에서는 스테이블코인이 활성화될수록 거래 수수료 수입이 늘고, 시장 유동성이 풍부해진다. 그래서 스테이블코인 프로젝트와 협력해 상장 기회를 제공한다. 요약하면, 거래소는 스테이블코인 유통의 허브이자 가격 형성을 이끄는 핵심 무대다.

1달러를 맞추는 숨은 손, '마켓메이커'

마켓메이커는 말 그대로 시장에서 가격을 만들고 유동성을 공급한다. 스테이블코인의 경우 전문 트레이딩 회사들이 주로 이 역할을 맡는다. 그들은 여러 거래소와 장외시장^{Over-The-Counter market, OTC*}을 오가며 스테이블코인 가격이 1달러에 안정되도록 매수·매도 주문을 지속적으로 공급한다. 예를 들어 어느 거래소에서 USDT 가격이 1.005달러로 오르면 마켓메이커는 즉시 USDT를 팔고, 0.995달러에 거래되는 다른 거래소에서는 사들인다. 이렇게 차익거래를 신속하게 실행해 가격 차이를 없애고 균형을 맞춘다.

재빠른 매매 덕분에 각 거래소 간 가격이 균형을 이루며 1달러에 수렴한다. 마켓메이커들은 알고리즘 트레이딩 시스템과 막대한 자본을 동원해 미세한 가격 괴리도 놓치지 않고 이익을 챙긴다. 한 연구에 따르면 소수의 대형 트레이더들이 발행사와 직접 거래하며 스테이블코인 가격을 안정시키는, 사실상 중앙화된 차익거래 구조가 존재한다는 분석도 있다.

또한, 거래량이 적은 신생 스테이블코인의 경우, 발행사가 지정한 마켓메이커에게 인센티브를 제공해 초기 유동성을 공급하기도 한다. 이는 단순한 지원이 아니라, 시장에서 가격을 안정시키기 위한 전략적 조치다. 결과적으로 마켓메이커의 활약이 없었다면, 스테이블코인 역시 지금처럼 1달러 안팎의 안정성을 지속적으로 유지하기는 어려웠을 것이다.

---

* 증권거래소와 같은 공식 거래소를 통하지 않고 투자자와 금융기관이 직접 혹은 중개인을 통해 개별적으로 거래하는 시장.

스테이블코인의 모든 것

실물경제로 이어주는 '중개업체'

중개업체는 스테이블코인의 실물 활용을 돕는 연결 고리다. 여기에는 장외거래 브로커, 결제 게이트웨이, 커스터디(수탁) 업체, 최근에는 전통 금융기관까지 포괄된다. 예를 들어 대규모로 스테이블코인을 사고팔고자 하는 기관은 거래소가 아닌 OTC 중개업체를 통해 거래 상대를 찾아달라고 의뢰할 수 있다. 또한 전자상거래 사이트나 오프라인 상점이 스테이블코인 결제를 받으려면, 이를 원화나 달러로 즉시 변환해 주는 결제 프로세서가 필요하다.

비자는 이미 USDC로 결제 대금을 정산하는 파일럿 프로그램을 운영했고, 여러 핀테크 업체들이 스테이블코인과 신용카드, 은행망을 이어주는 솔루션을 내놓고 있다.[25] 이렇듯 중개업체들은 스테이블코인과 기존 금융·상거래 시스템을 연결하여 사용성이 높아지도록 돕는다. JP모건은 스테이블코인 관련 상표 'JPMD'를 등록하는 등 자체 스테이블코인 발행을 검토하거나, 다른 기업이 발행한 스테이블코인을 국제 송금, 교환 매개로 활용하는 방안을 모색하고 있다.[26] 금융사 간의 중개 역할이 잘 구축될수록 스테이블코인이 더 넓은 실물 경제 영역에서 유통될 수 있는 것이다.

이처럼 스테이블코인 시장 구조를 자세하게 살펴보면 각 주체가 톱니바퀴처럼 맞물려 '1달러의 가치'를 뒷받침한다. 발행사는 신뢰를 책임지고, 거래소는 장을 마련하며, 마켓메이커는 가격을 지탱하고, 중개업체는 활용도를 확장한다. 이러한 생태계 덕분에 스테이블코인은 전 세계 어디서나 빠르고 안정적인 가치 이동 수단으로 자리를 잡아 가고 있다.

프리미엄과 디스카운트로 보는
스테이블코인의 이면

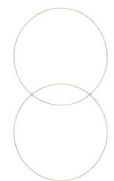

스테이블코인은 이름 그대로 가격이 안정적이어야 한다. 하지만 현실에서는 크고 작은 프리미엄(1달러 초과)이나 디스카운트(1달러 미만) 현상이 발생한다. 이유는 무엇일까?

스테이블코인의 '일상적' 변동성

일반적인 상황에서 스테이블코인 가격은 1달러를 조금 웃돌거나 밑도는 수준에서 등락한다. 시장에서 거래 가격이 완벽히 1.000달러일 수는 없고, 보통 0.999~1.001달러 사이에서 움직인다. 이러한 작은 차이는 주로 수급 불균형과 거래 비용 때문이다.

예를 들어 어느 거래소에 매수 주문이 몰리면 USDT 가격이 1.001달러로 오르고, 반대로 매도 물량이 쏟아지면 0.999달러로 내려간다.

그러나 이런 차이는 곧바로 차익거래자에 의해 해소된다. 0.998달러에 산 코인을 1.002달러에 팔거나, 0.99달러에 떨어진 코인을 발행사에 가져가 1달러 현금으로 교환하는 식으로 무위험 이익을 추구하기 때문이다. 덕분에 대부분의 스테이블코인은 일상적 상황에서 0.1% 이내의 좁은 범위에서 안정적으로 거래된다.

공포가 만든 0.87달러의 기억

그럼에도 시장 스트레스가 큰 상황에서는 스테이블코인이 눈에 띌 정도로 프리미엄 혹은 디스카운트를 보이는 사례들이 있다. 1달러 아래로 가치가 하락하는 정도의 디스카운트의 대표적 사례로 2023년 3월 USDC 쇼크를 들 수 있다.[27] 미국 실리콘밸리은행이 파산하면서, 이 은행에 예치금 일부를 두고 있던 USDC 발행사 서클에 대한 불안이 퍼지자, 투자자들이 USDC를 팔기 시작했다. 그 결과, USDC 가격은 순식간에 87센트(0.87달러)까지 급락하며 1달러 페그가 무너졌다. 같은 시간, 시장 참가자들은 USDC를 투매하는 한편 상대적으로 안전하다고 본 USDT로 갈아타면서 USDT 가격이 1.06달러까지 급등하는 역逆프리미엄 현상도 일어났다.

이 사태는 미 연준과 재무부가 실리콘밸리은행 예금 전액 보호를 발표한 이후 진정되었다.[28] 곧바로 대규모 매수세와 환매가 발생하며 USDC 가격은 이틀 만에 다시 1달러로 복귀했다. 오히려 0.87달러에

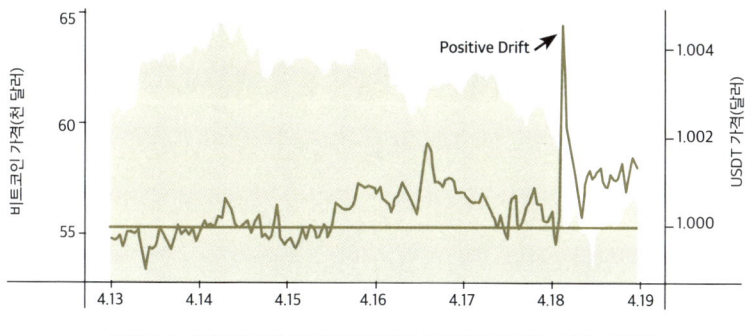

그림 2-3 · 2021년 4월 비트코인 가격이 추락하자 가격이 오르는 USDT

USDC를 주워 담은 트레이더들은 나중에 페그 회복 시점에 팔아 큰 차익을 얻었다. 이 사례는 스테이블코인의 디스카운트가 주로 심리적 패닉과 준비자산 우려에서 비롯되며, 실질적 문제가 크지 않다면 차익거래와 신뢰 회복 조치로 빠르게 정상화된다는 점을 보여준다.

왜 어떤 코인은 1.06달러까지 오를까?

반대로 프리미엄(1달러 초과 현상)은 주로 수요 급증 시기에 공급이 일시적으로 못 따라갈 때 나타난다. 암호화폐 시세가 폭락할 때 많은 투자자들이 재빨리 자산을 스테이블코인으로 바꾸려 들면 일시적으로 수요 초과가 발생해 1.01달러 이상의 가격이 형성될 수 있다. 2020년 3월 코로나발 폭락 때나 2022년 5월 테라 사태, 혹은 비트코인 가격 하락 시에도 USDT 등의 가격이 1달러를 살짝 상회하는 경우가 있었다.[29]

지역적 요인으로도 프리미엄이 생긴다. 앞서 언급한 자본 통제 국가들의 경우 달러 자체에 프리미엄이 붙기 때문에, 디지털 달러인 USDT에도 상시적으로 5~10%의 높은 프리미엄이 존재한다. 아르헨티나에서는 현지 거래소에서 USDT 가격이 달러에 비해 5~10% 프리미엄이 존재한다. 이런 프리미엄은 현지 투자자들이 기꺼이 그 정도 대가를 지불하더라도 달러 자산을 확보하고 싶어 하는 심리와 수급 불균형의 반영이라 볼 수 있다.

프리미엄과 디스카운트를 부르는 다섯 가지 요인

　그렇다면, 어떤 요인이 프리미엄과 디스카운트를 촉발할까? 첫째, 신뢰와 투명성이다. 발행사의 준비금에 의심이 생기면 디스카운트 요인이 되고, 반대로 준비금이 탄탄하고 이슈에 잘 대응하면 평소 프리미엄이 거의 없다. 둘째, 유동성 공급 속도다. 발행사가 코인 발행·상환을 얼마나 빨리하느냐에 따라 시장 가격이 달라진다. 셋째, 수요 폭증 혹은 급감 상황이다. 안전자산 선호 심리가 극단으로 치닫으면 공급이 못 따라가 프리미엄이 생기고, 반대로 스테이블코인에 악재가 터지면 모두가 팔아치우며 디스카운트가 발생한다. 넷째, 지역별 거래 여건 차이다. 자국 통화가치 불안, 환전 규제 등으로 국지적 수급 불균형이 있을 경우 한 국가나 거래소에서만 프리미엄이 존재한다. 다섯째, 이자율 및 기회비용 요인이다. 미국 금리가 급등하면 스테이블코인을 들고 있을 이유가 줄어들어 수요가 떨어지고 시가총액이 감소하는 경향이 있다. 2022~2023년 연준 금리 인상기 때 실제로 스테이블코인 총 발행량이 줄었다.[30] 이는 투자자들이 스테이블코인을 오래 들고 있어도 이자가 안 나오니 살짝 할인해서라도 파는 경향과 관련된다.

물론 효과적인 차익거래 메커니즘 덕분에 대부분의 경우 이러한 요인들이 만드는 가격 괴리는 단기간에 해소된다. 믿을만한 스테이블코인일수록 '결국 다시 1달러로 돌아온다'라는 시장 참여자의 확신이 있어서, 이들이 페그 이탈 시 적극 매수 또는 매도에 나서 균형을 되찾는 것이다. 궁극적으로 시장 심리와 유동성 공급자들의 대응 능력이 스테이블코인 가격을 1달러에 두는 것이라고 할 수 있다.

2023년 USDC 디페깅 사태, 0.87달러의 충격

2023년 3월, 시가총액 2위 달러 스테이블코인 USDC가 하루아침에 1달러 페그를 잃고 0.87달러까지 쏙락했다. 원인은 미국 실리콘밸리은행 파산이었다. USDC 발행사 서클은 고객 예치금 약 33억 달러를 실리콘밸리은행에 맡겼는데, 은행이 돌연 파산하자 '서클 준비금이 손실을 볼 수 있다'라는 공포가 확산됐다. 투자자들은 주말 새 거래소에서 USDC를 대거 팔아치웠고, 평소 1.00달러이던 시세는 몇 시간 만에 0.87달러로 무너졌다.

USDC 급락은 암호화폐 시장 전체에 심각한 혼란을 불러왔다. USDC 기반으로 운용되던 디파이 프로토콜은 담보 가치 하락으로 대규모 청산 위기에 몰렸다. USDC를 준비금으로 받던 다른 스테이블코인들도 연쇄적으로 페그가 흔들리며 불안감이 확산됐다. 반대로 최대 경쟁 코인인 USDT에는 역프리미엄, 즉, 가격 급등 현상이 나타났다. 불안정성이 불거진 USDC에서 자금이 빠져나와, 투자자들은 '상대적으로 안전하다'라고 여겨진 USDT로 대거 이동했다. 이 과정에서 USDT 가격은 한때 1.06달러까지 치솟았다. 스테이블코인조차 '상대적 안전자산'으로 구분될 수 있음을 보여준 장면이었고, 투자자 심리가 어떤 식으로 작동하는지를 단적으로 드러낸 사례였다.

사태는 미국 정부와 서클의 신속한 대응으로 진정됐다. 재무부와 연준은 주말 사이 '실리콘밸리은행 예치금을 전액 보호하겠다'라고 발표했고, 서클은 '묶인 33억 달러도 다른 자금으로 충당해 준비자산 100%를 유지하겠다'라고 즉각 밝혔다.[31] 이러한 조치로 시장 신뢰가 회복되자, USDC 가격은 빠르게 1달러에 재수렴했다. USDC를 헐값에 매수한 투자자들은 가격이 1달러로 돌아왔을 때 차익을 거두었다.

USDC 디페깅 사태가 남긴 교훈은 세 가지다. 첫째, 담보형 스테이블코인이라 해도 전통 금융 시스템의 위기에 노출될 수 있다. 서클처럼 안전자산에 투자하던 곳도 은행 파산이라는 돌발 사태에 타격을 받았다. 둘째, 투자자 심리가 취약하면 준비금이 충분해도 가격이 무너질 수 있다. 셋째, 기본 신뢰가 유지된다면 차익거래 세력과 정책 대응으로 가격은 빠르게 회복된다. 실제로 USDC는 페그 복귀 이후 큰 이탈 없이 유지됐다. 서클은 이후 은행 리스크를 줄이기 위해 자산 운용을 더 분산하겠다고 발표하며 신뢰 제고에 나섰다.

결과적으로 USDC 사태는 스테이블코인의 내구성을 시험한 사건이었다. 당국의 개입과 민간의 대응이 없었다면 '디페깅 → 대량 환매 → 악순환'으로 이어져 뱅크런처럼 영구적 붕괴로 치달았을 수 있다. 다행히 시장은 위험을 극복했고, 규제당국은 이를 교훈 삼아 은행 연계 리스크를 고려한 스테이블코인 정책 마련에 착수했다. 투자자들 역시 '달러라고 방심하지 말라'라는 경각심을 얻었고, 동시에 스테이블코인이 충격 속에서도 회복력을 가질 수 있음을 확인했다.

차익거래와 수익 구조,
어떻게 가능할까?

스테이블코인은 가치가 고정되어 있어 '가격이 오르내릴 일 없다'라고 생각하기 쉽다. 언뜻 보면 단기 차익을 노리기 어렵고, 투자자에게 이익을 줄 요소도 없어 보인다. 하지만 실제로는 차익거래를 비롯해 다양한 수익 창출 구조가 존재한다. 발행사와 투자자 모두 일정한 이익을 낼 수 있는 비즈니스 모델이 있는 것이다. 그렇다면 스테이블코인으로 돈을 버는 방법은 무엇일까?

거래소 간 틈새를 노리는 차익거래

스테이블코인 가격이 1달러를 중심으로 미세하게라도 흔들릴 때마다, 이를 이용해 무위험 차익을 얻는 기회가 발생한다. 예를 들어, 한 거래소에서 USDT가 0.998달러에 거래되고 동시에 다른 거래소에서

스테이블코인의 모든 것

는 1.002달러라면, 가격이 낮은 곳에서 사서 높은 곳에서 팔면 코인 한 개당 0.004달러의 이익이 남는다. 이를 대량으로, 또한 자동화된 프로그램으로 수행하면 짧은 시간에 수익을 쌓을 수 있다.

앞서 USDC 사례처럼 페그가 크게 이탈한 상황에서는 고위험 고수익 차익거래도 있다. 앞서 0.87달러까지 떨어졌던 USDC를 매수한 투자자는 이틀 만에 1달러로 돌아왔을 때 약 15%의 수익률을 올렸다. 이러한 극단적 상황은 드물지만, 평소에도 거래소 간 가격 차, 스테이블코인 간 상대 가격 차 등을 노리는 알고리즘 트레이더도 존재한다. 연구에 따르면 숙련된 암호화폐 봇들은 하루 수백 건씩 이런 미세 차익거래를 수행하며 0.5~2% 내외의 빈틈도 빠짐없이 공략한다고 한다.[32]

차익거래는 스테이블코인 시장 안정에 기여하는 긍정적 역할도 있지만, 동시에 이익 기회이기도 한 셈이다. 다만 개인 투자자가 수수료와 전송 시간 지연을 고려해 차익거래로 이익을 보긴 어렵다. 주로 전문 트레이딩 회사들이 초단타 매매와 대량 자금 투입으로 수행하는 영역이라고 볼 수 있다.

발행사가 버는 막대한 이자와 수수료

혹자는 스테이블코인 발행사에 대하여 '가격이 안 변하는 코인을 발행해 무슨 돈을 벌까?'라는 의문을 가질 수 있다. 하지만 발행사는 실은 은행과 유사한 수익 모델을 갖고 있다. 가장 큰 수입원은 준비금 운용 수익, 즉 이자다. 발행사는 고객이 맡긴 달러를 금고에 그대로 두지 않고, 미국 국채나 머니마켓펀드 같은 안전자산에 투자한다. 국채는 평균 연 4~5% 수준의 이자를 지급하기 때문에, 수백억 달러 규모의 예치금을 운용하는 발행사들은 이자만으로도 막대한 이익을 거둔다.

실제로 세계 1위 스테이블코인 USDT의 발행사 테더는 2023년 약 62억 달러(한화 8조 원)의 순이익을 올린 것으로 알려졌는데,[33] 이는 웬만한 월스트리트 투자은행 실적에 견줄 만하다. 특히 미 연준의 금리 인상으로 국채 수익률이 크게 오르자, 2023년 테더는 반년 만에 52억 달러의 이익을 거두며 분기별로 사상 최대 실적을 연이어 경신했다. 금리가 높은 시기에는 분기당 순이익 10억 달러 이상을 기록할 정도로 호황을 누렸다.

USDC 발행사 서클도 2023년에 이자 수익만으로 약 21억 달러를 올렸다. 이처럼 준비자산 운용에서 나오는 이자가 발행사의 핵심 수익원이다. 여기에 더해 환전·상환 수수료, 일부 준비금의 대출 운용, 플랫폼 제휴 수익 등도 발생한다. 발행사는 보유 현금으로 이자를, 거래 서비스로 수수료를 벌며 사업을 이어간다. 스테이블코인 발행 비즈니스가 얼마나 수익성 높은 산업인지 보여주는 대목이다.

투자자, 발행사, 트레이더의 활용 기회

일반 투자자도 스테이블코인을 활용해 여러 방식으로 수익을 낼 수 있다. 대표적인 것이 예치와 대출을 통한 이자다. 중앙화 거래소나 탈중앙 금융 플랫폼에 스테이블코인을 맡기면 연이율 형태의 보상을 받을 수 있다. 예를 들어 디파이 대출 플랫폼 컴파운드나 메이커다오에 USDC를 예치하면, 대출이자로 연 몇 %의 수익을 얻는다. 물론 디파이 해킹, 거래소 파산 같은 리스크가 존재한다. 하지만 원금 변동이 없는 상태에서 이자를 받을 수 있다는 점 때문에 많은 투자자가 스테이블코인 예치에 참여했다.

정리하면 스테이블코인은 가격이 고정되어 있지만 다양한 방식으로 수익을 창출할 수 있다. 발행사는 예치금을 운용해 막대한 이지 수익을 거두고, 투자자는 예치 이자나 유동성 공급 보상을 챙긴다. 트레이더는 시장 비효율을 노린 차익거래로 이윤을 낸다. 이러한 생태계 덕분에 수많은 기업과 투자자가 스테이블코인 사업에 뛰어든다. 실제로 2023년 기준 테더의 순이익은 골드만삭스나 모건스탠리에 맞먹을 정도여서 큰 화제가 되었다.[34] 물론 수익과 위험은 동전의 양면이다. 예치 이자를 노리다 거래소가 파산할 수도 있고, 차익거래 중 시스템 지연으로 손실을 볼 수도 있다. 그럼에도 스테이블코인은 단순한 가치 저장 수단을 넘어, 투자와 사업 측면에서 새로운 이자 수익원이자 비즈니스 기회로 자리매김하고 있다.

금리 인상기,
스테이블코인 발행사의 수익

미국의 급격한 금리 인상은 의외의 곳에 초과 이익을 안겨주었다. 바로 스테이블코인 발행사다. 2022년 이후 연준이 기준금리를 0%대에서 5%대로 끌어올리자, 막대한 달러 준비금을 보유한 발행사들은 앉아서 돈을 버는 호황을 누렸다. 직원 수 100명 남짓한 테더가 1년 만에 월가 대형 은행과 어깨를 나란히 하게 된 것도 발행사의 높은 효율성과 금리 덕분이었다.

테더는 800~900억 달러에 달하는 고객 예치금을 미국 단기 국채 등에 투자해 연 4~5%대 안정적 수익을 올렸다. 규모가 워낙 커서 이자율 1%만 받아도 연 8~9억 달러, 5%면 40억 달러 이상이 벌리는 구조다. 실제로 테더는 2023년 1분기에만 45억 달러(약 6조 원)의 순이익을 기록했다. 2분기에도 13억 달러를 추가하며 반기 누적 52억 달러에 달하는 실적을 올렸다. 하루 약 3,000만 달러씩 번 셈으로, 전 세계 어떤 스타트업이나 암호화폐 기업도 따라잡지 못한 수익이었다. USDC 발행사 서클도 같은 해 금리 효과로 약 21억 달러의 이자 수익을 거둔 것으로 알려졌다.

이렇듯 고금리 시대에 스테이블코인 발행사들은 현금 부자 기업으로 부상했다. 이들의 이익은 시장 성장과 맞물려 더욱 확대되고 있다. 테더는 비트코인 채굴과 AI 투자 등 사업 다각화를 추진했고, 서클 역시 이자 수익 증가를 발판으로 코인베이스와 함께 USDC 사업 확장에 속도를 냈다.

다만, 이에 대한 시선이 긍정적이지만은 않다. '사실상 금융회사인 발행사들이 막대한 이익을 내는데 비해 이용자들은 이자를 하나도 못 받는다'라는 지적이 있다. 실제로 미국의 지니어스 법안은 스테이블코인 보유자에게 이자를 지급하지 못하도록 명시했고, 발행사만 이익을 가져가도록 허용했다. 그만큼 준비금 운용 이익은 발행사의 보상이라는 곳이다.

또 다른 우려는 발행사의 이익 급증이 규제 압박을 부를 수 있다는 점이다. 은행 등 전통 금융권은 '(테더 등) 사설 기업이 국채 이자 수익을 독식한다'라며 견제하고 있고, 중앙은행들은 자국 통화 주권이 약화될까 경계한다. 앞서 2024년 미 하원 청문회에서 테더의 기록적 이익과 불투명한 지배구조가 도마 위에 올랐다. 테더의 곳간은 한편으로는 스테이블코인 안정성을 담보하는 긍정 요소지만, 다른 한편으로는 '만약 준비금 운용에 실패하면 그 충격도 크다'라는 리스크 요인으로 언급된다.

결론적으로 금리 인상으로 인한 스테이블코인 발행사의 수익 증가는 달러화 기반 모델의 막강함을 보여줬다. '돈을 굴려 돈을 버는' 전통 은행의 방식이 디지털자산 시장에서도 구현된 것이다. 이로써 스테이블코인 산업은 수익 면에서 지속가능성을 입증했고, 외부 투자자들이 안정적 현금흐름을 기대하며 몰려드는 계기가 되었다. 다만 이런 수익은 사용자가 신뢰를 보내고 자금을 맡긴 대가이기에, 발행사는 투명성과 안정성 확보에 더욱 힘써야 한다.

스테이블코인의 유동성,
왜 중요한가?

금융 자산은 유동성이 충분해야 제대로 기능한다. 스테이블코인은 태생적으로 가격 안정을 목표로 삼기에, 높은 유동성 확보가 무엇보다 중요하다. 유동성이 부족하면 순간적인 매수·매도에도 가격이 크게 흔들려 1달러에 가까운 가치를 지키기 어렵다. 그렇다면 스테이블코인 시장에서 유동성이 왜 핵심이며, 또 이를 뒷받침하는 시장 조성자는 어떤 역할을 맡고 있을까?

가장 많이 거래되는 코인은 비트코인이 아니다

현재 주요 스테이블코인들의 유동성은 매우 풍부한 편이다. 전 세계 수많은 거래소에 스테이블코인 마켓이 형성되어 있고, 앞서 언급했듯 스테이블코인 거래량이 암호화폐 시장의 상당 부분을 차지한다.

　　　　　　　　　　　　　　　스테이블코인의 모든 것

USDT는 거래량 면에서 독보적인 1위 암호화폐. 이미 2019년에 비트코인을 제치고 '가장 많이 거래되는 암호화폐' 자리에 등극한 바 있다.[35] 전 세계 외환시장 일부 통화의 일일 거래액과 맞먹을 정도다. 이처럼 활발한 거래 덕분에 투자자들은 언제든 원하는 만큼의 스테이블코인을 매수·매도할 수 있다.

보이지 않는 손, 마켓메이커의 정체

이러한 유동성을 유지하는 것은 바로 마켓메이커다. 이들은 양방향 호가를 제시하며 거래를 붙여준다. 스테이블코인 시장에서는 일부 전문 마켓 메이커가 여러 거래소를 연결하며 딜러 역할을 수행한다.

예를 들어 한 마깃메이커 입체가 동시다빌직으로 바이낸스, 코인베이스, OKX 등 주요 거래소의 USDT 주문서를 모니터링하며, 어디선가 대량 매도 물량이 나오면 즉시 다른 시장의 매수 호가를 맞추는 식이다. 이를 통해 가격 충격을 분산시키고 전반적인 시장 유동성을 끌어올린다. 또한 발행사와 협력하는 유동성 공급자도 있다. 발행사는 1달러의 법정화폐로 1 USDC를 발행하는 1차 창구인데, 일반인보다 주로 제휴 마켓메이커들이 이 1차 발행·상환 서비스를 이용한다.

그래서 USDC 가격이 거래소에서 떨어지면 이들 마켓메이커가 싸게 매수한 후 서클로 가져가 1달러 현금과 교환하고(시장 유동성 흡수), 반대로 가격이 오르면 서클에서 새 USDC를 1달러에 발행받아 시장에 파는(유동성 공급) 식이다. 마치 ETF의 지정참가인^{Authorized} Participant, AP과 비슷한 원리인데, 이러한 중앙화 차익거래자들이 스테이블코인 유통량을 자동 조절해 주는 셈이다. 결국 다수의 거래자와 소수의 핵심 마켓메이커들이 함께 만드는 견고한 유동성 그물망이 스테이블코인 시장을 지탱하고 있다.

위기에도 흔들리지 않은 디파이 유동성의 저력

탈중앙화 시장에서의 유동성도 주목할 만하다. Curve, Uniswap 같은 AMM^{Automated Market Maker} 기반 DEX[*]들은 스테이블코인 풀을 통해 막대한 유동성을 제공했다. 특히 Curve의 3Pool^{USDT-USDC-DAI}은 예치금 규모가 수십억 달러에 달했고, 어느 한 코인에 인출이 몰려도 알고리즘이 자동으로 가격을 조정하며 페그를 지탱했다.

다만, 2023년 7월 커브 파이낸스 해킹 사태 때는 일부 풀의 유동성이 고갈되며 페그가 흔들리기도 했다. 이때 창립자와 마켓메이커들이 긴급 투입해 코인을 공급한 끝에 사태는 진정됐다. 이 사건은 디파이에서도 유동성 위기가 발생할 수 있음을 보여줬지만, 동시에 커뮤니티와 시장 참여자들의 자발적 유동성 지원이 얼마나 중요한지도 일깨웠다.

---

* 중앙화된 주문서 시스템 없이 자동화된 마켓메이커(Automated Market Maker, AMM) 알고리즘을 이용해 유동성을 공급하고 거래가 이루어지는 방식의 탈중앙화 거래소.

스테이블코인의 모든 것

비자도 넘은 스테이블코인의 미친 거래량

유동성과 시장 조성 측면에서 가장 극적인 사례는 사실 암호화폐 하락장에서 찾아볼 수 있다. 2022년 하반기부터 2023년까지는 테라/루나 폭락 사태부터 11월 FTX 파산 이후 신뢰 붕괴 등 이른바 '크립토 윈터'라는 말이 생겨날 정도로 암호화폐 시장이 얼어붙었지만, 스테이블코인만큼은 오히려 사용량이 늘고 거래액이 유지되었다. 시장이 불안할수록 투자자들이 스테이블코인으로 자산을 대피시켰기 때문이다.

2024년 한 해 동안 스테이블코인 온체인 결제·이체 총액이 27.6조 달러로 비자와 마스터카드의 연간 결제액을 넘어섰다.[36] 이처럼 막대한 거래 규모는 스테이블코인이 거의 실시간 글로벌 결제망 수

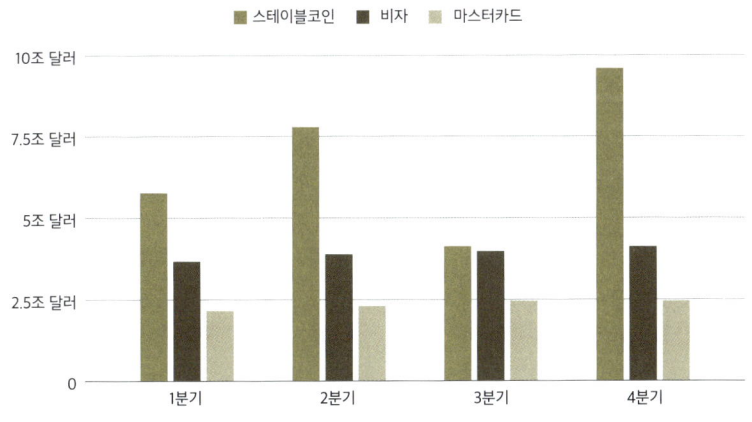

그림 2-4 · 스테이블코인·비자·마스터카드 분기별 결제·이체 총액(2024년)

준의 유동성을 갖고 있음을 의미한다. 한편, 이렇게 거대한 스테이블코인 거래에는 어두운 면도 존재한다. 예를 들어 해외 송금 수수료를 아끼기 위해 안정적인 스테이블코인을 활용하는 합법적인 수요도 많지만, 자본 도피나 제재 회피 수단으로 은밀하게 이용되는 경우도 있다. 이러한 부분까지 간안하여 각국 규제 당국이 스테이블고인 유동성 흐름을 주시하고 있다.

요약하면, 스테이블코인의 성공은 유동성의 성공이라 해도 과언이 아니다. 초기에 우려와 달리 현재 주요 스테이블코인들은 웬만한 신용통화 못지않게 활발히 거래되고 빠르게 현금화될 수 있는 자산으로 자리 잡았다. 이를 가능케 한 것은 전 세계 거래소와 마켓메이커들이 만들어낸 시장 유동성, 그리고 24시간 글로벌 거래망이 만들어낸 수요 공급 흐름이다.

스테이블코인 거래량, 비자·마스터카드를 뛰어넘다

2024년 암호화폐 업계에서 놀라운 일이 벌어졌다. 스테이블코인의 연간 결제·송금 처리량이 비자와 마스터카드를 합친 것보다 많아진 것이다. 세계경제포럼에 따르면 2024년 온체인에서 이동한 스테이블코인 금액은 27.6조 달러로 추산되는데, 이는 같은 해 비자와 마스터카드 결제액 합계보다 약 7% 많다.[37] 암호화폐가 등장한 지 불과 15년 만에 이룬 성과로, 스테이블코인이 새로운 금융 인프라로 부상했음을 보여준다.

어떻게 이런 일이 가능했을까? 스테이블코인은 전 세계 누구에게나 열려 있는 디지털 현금이다. 국경을 넘어 몇 초 만에 이동하고, 수수료도 전통 송금망보다 훨씬 저렴하다. 예를 들어 미국에서 인도네시아로 1만 달러를 보내려면 은행망으로는 며칠이 걸리고 수수료가 30~50달러에 이른다. 그러나 USDC나 USDT로 보내면 몇 분 안에 완료되고 수수료도 1달러 미만일 수 있다. 이 같은 효율성 덕분에 국제 송금 현장에서 스테이블코인 활용이 늘고 있다. 터키 난민들이 본국 가족에게 생활비를 스테이블코인으로 송금하는 사례가 대표적이다.

스테이블코인 거래액이 카드사를 추월한 사실은 의미심장하다. 이는 탈중앙 네트워크가 주류 금융망의 거래 처리량을 능가할 수 있음을 보여주기 때문이다. 물론 차이도 있다. 카드 결제는 소비 지출이 중심인 반면, 스테이블코인 거래에는 거래소 간 이체, 디파이 프로토콜 자금 이동 등 투자·송금 목적이 다수 포함된다.

분명한 점은 스테이블코인이 단순한 암호화폐를 넘어 '가치 이동 플랫폼'으로 성장했다는 사실이다. 비자와 마스터카드는 수십 년간 신용 결제망을 운영하며 연 20조 달러 안팎의 결제를 처리했다. 그런데 블록체인 기반 스테이블코인이 이를 뛰어넘었다는 사실은 금융 판도가 바뀔 수 있음을 시사한다. 카드 결제는 소비자 보호나 환급 등 부가 서비스에서 여전히 강점을 갖지, 스테이블코인은 빠르고 저렴하며 글로벌한 결제 수단으로서 디지털 시대의 수요를 메우고 있다.

　　　　　　　　　　　　　　　스테이블코인의 모든 것

스테이블코인은 금융 혁신일까, 게임머니일까?

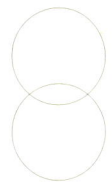

투자자들은 스테이블코인을 차세대 금융 혁신의 핵심 기술로 보고 막대한 자금을 투자하고 있다. 스테이블코인이 기존 금융 시스템의 한계를 보완하고, 새로운 디지털 경제의 기반이 될 수 있다고 믿기 때문이다. 하지만 일부 사람들은 스테이블코인을 온라인 게임 속 사이버 머니와 크게 다르지 않다고 여기며 회의적인 반응을 보인다. 실물 자산이 없는 디지털화폐에 자금을 쏟는 일이 과연 타당한가에 대해 의문을 제기하는 것이다. 이처럼 스테이블코인을 실질적인 금융 자산으로 보는 벤처 투자자들의 시각과, 단순한 가상 화폐로 치부하는 회의적 시각은 극명하게 대비된다.

이번 글에서는 VC가 스테이블코인을 미래 금융 인프라로 보는 시각과, 이를 게임머니에 비유하는 비판적 관점을 비교하며, 두 입장이 충돌하는 지점과 공존 가능성을 함께 짚으려 한다.

VC들이 주목한 미래의 기축통화

겉으로는 가격이 고정돼 성장 여력이 없어 보이지만, 전 세계 유수의 투자자들은 스테이블코인 인프라와 발행사를 유망 투자처로 본다. 스테이블코인이 미래 디지털 경제의 기반 화폐가 될 가능성이 높기 때문이다.

실리콘밸리의 대표적 암호화폐 VC인 안드레센 호로위츠^{Andreessen} ^{Horowitz}는 일찍이 메이커다오(DAI 발행 프로젝트)에 투자한 바 있다.[38] 서클의 경우 골드만삭스와 블랙록 등 거대 금융사가 지분을 투자했고, 한때 기업가치가 90억 달러까지 평가됐다. 시장 침체로 2023년 상장이 연기되었으나, 2025년 6월 USDC의 발행사인 서클은 나스닥에 상장하며 화제가 됐다. 첫날 주가는 공모가의 두 배 이상 폭등했고, 다음날에도 40% 추가 상승하며 투자 열기를 증명했다. 이는 '스테이블코인은 돈이 안 된다'라는 편견을 깨고, 스테이블코인 사업도 거대한 수익 창출이 가능하다는 것을 보여준 사건이었다.

벤처투자자들은 스테이블코인이 가져올 파급 효과에 주목한다. 전 세계 수십억 명이 쓰는 화폐 인프라가 민간 기술로 재편될 경우, 그 위에서 다양한 서비스들이 탄생할 수 있다. 스테이블코인을 이용한 국제 송금 앱, 디파이 대출, NFT 마켓플레이스 결제, 메타버스 상거래 등이 대표적이다. 이 모든 흐름의 중앙 기축이 바로 스테이블코인인 만큼, 이를 제일 먼저 장악한 기업이 인터넷 시대의 비자, 혹은 페이팔이 될 수 있다.

페이스북(메타)이 2019년 리브라 프로젝트를 추진한 것도 이러한 선점 시도의 일환이었다. 추후 자세히 다루겠지만, 리브라는 규제 반대로 좌초됐음에도 5년 뒤 미 의회의 스테이블코인 법안 심의에도 영향을 미쳤다.[39] 거꾸로 말하면, 리브라 때는 시기상조였지만 이제 규제가 갖춰진 만큼 빅테크와 VC들은 마음 놓고 이 시장에 재도전할 채비를 하고 있다. 특히, 가상자산 VC 입장에서는 스마트 컨트랙트에 기반한 미래 디지털 금융 전환의 핵심 수단으로서 스테이블코인이 각광을 받는 것이다.

'그냥 게임머니 아냐?'라는 의심의 눈초리

반면 게임머니 관점에서 보면 '스테이블코인은 쓰임새 있는 디지털 토큰일 뿐'이라는 시각도 있다. 이미 많은 사람들이 온라인 게임이나 포털 사이트에서 사이버 머니를 썼다. 예를 들어 싸이월드의 도토리, 넥슨 캐시 같은 디지털화폐는 현실 화폐로 1:1 비율로 구매했지만, 주로 게임이나 플랫폼 안에서만 통용됐고 현금 환전은 제한적이었다.

스테이블코인도 1달러를 주고 사는 디지털 코인이라는 점에서 이와 비슷하다. 사용자가 거래소에서 USDT 100달러어치를 구입하는 것은, 게임 이용자가 100달러로 게임머니 100개를 사는 것과 다르지 않다. 가치는 똑같이 100달러이고, 차이는 사용 범위가 게임 내부냐 블록체인 전 세계냐일 뿐이다. 이러한 유사성 때문에 일각에서는 '스테이블코인은 첨단 기술을 입힌 게임머니에 불과하다'라는 평가도 나온다. 변동성이 없는 토큰이라는 본질이 같기 때문이다.

스테이블코인과 게임머니의 결정적 차이 네 가지

첫째, 환금성이다. 게임머니는 환금성이 없다. 회사 측이 게임머니를 다시 현금으로 바꿔주지 않으며, 이용자 간의 직접적인 거래도 대부분 금지되어 있다. 게임 안에서만 사용 가능한 일종의 폐쇄형 포인트인 셈이다. 반면 스테이블코인은 발행사가 언제든 사용자의 요청에 따라 현금 상환을 약속한다. 사용자들끼리 자유롭게 사고팔 수 있는 환경도 마련되어 있다. 이처럼 거래 자유도와 환금성이 보장된다는 점에서 스테이블코인은 게임머니와 본질적으로 다르다.

둘째, 개방성이다. 게임머니는 특정 게임이나 서비스 안에서만 쓸 수 있는 폐쇄형 화폐다. 정해진 공간 안에서만 유효하므로, 다른 플랫폼이나 서비스로는 옮길 수 없다. 반면 스테이블코인은 블록체인 어디서든 자유롭게 이동하며, 다양한 서비스 간에 호환된다. 항공사 마일리지가 특정 항공사에서만 통용되는 것과 달리, 현금은 어느 상점이든 통용되듯 스테이블코인도 폭넓게 쓰인다.

셋째, 발행 목적이다. 게임사는 게임머니를 발행해 유저를 락인시키고 추가 결제를 유도한다. 반면, 스테이블코인을 발행하는 기업은 이를 통해 결제 및 송금 인프라를 구축하고, 유동성을 기반으로 수수료 수익을 얻는다. 수익 구조 자체가 다르기 때문에, 게임머니는 플랫폼 내 독점력이 중요하지만 스테이블코인은 외부 생태계와의 연결성이 성패를 가른다.

넷째, 규제와 신뢰다. 스테이블코인은 금융 규제 대상이다. 자금세탁방지나 고객확인의무 같은 금융 규제를 따르며, 보유한 준비금에 대해 정기적인 감사도 받아야 한다. 신뢰 확보가 곧 생존의 조건인 셈이다. 반면 게임머니는 선불 지급 수단 정도로 취급되어 상대적으로 규제가 가볍다.

경계가 무너지는 중간 지대

이러한 차이에도 불구하고 경계가 허물어지는 추세도 감지된다. 예를 들어 국내 빅테크 기업들이 원화 기반 스테이블코인을 구상한다면, 그 사용처로 자사 플랫폼 생태계를 고려하는 경우가 많다. 쇼핑, 웹툰, 게임 등이 대표적이다. 카카오뱅크 역시 스테이블코인 태스크포스를 구성해 연구하는 단계인데, 이런 회사들이 염두에 두는 것은 궁극적으로 플랫폼 공용화폐일 가능성이 높다.[40] 즉, 개방형 기술을 자사 폐쇄형 서비스에 접목하는 것이다.

반대로 해외에서는 게임 산업이 스테이블코인을 도입하는 움직임

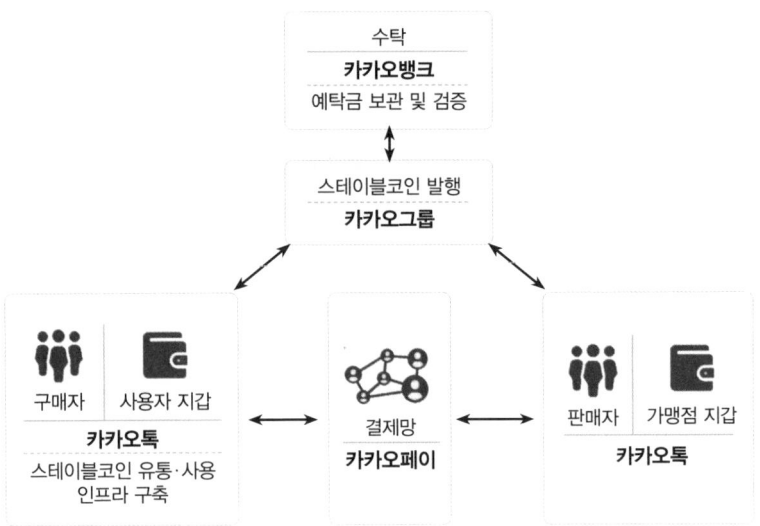

그림 2-5 · 카카오의 스테이블코인 생태계 구상

도 있다. 블록체인 게임사들은 게임 내 통화로 변동성 있는 토큰 대신 USDC 같은 스테이블코인을 활용해 현금과 동일한 경제 환경을 조성하려 한다. 이용자들이 토큰 가격 변동 걱정 없이 게임에 집중하게 해주기 때문이다. 게임사가 스테이블코인을 채택하면 게임머니가 스테이블코인화되는 사례인 셈이다.

결국, 벤처투자와 게임머니 관점의 비교는 스테이블코인을 혁신적인 금융 네트워크로 보느냐, 제한적인 용도의 디지털 토큰으로 보느냐의 차이다. 전자는 거시적 관점에서 스테이블코인이 불러올 금융 및 경제의 구조적 변화를 중시한다. 반면, 후자는 소비자 입장에서의 활용성과 실질적인 교환 가치를 더욱 중요하게 여긴다.

스테이블코인의 모든 것

하지만 이 두 시각이 반드시 충돌하는 것은 아니다. 스테이블코인이 안정적인 가치 전달 수단이라는 공통점을 바탕으로, 금융 혁신의 매개체이자 실용적 결제 수단으로 함께 기능할 수 있다. 벤처 캐피털이 투입한 자금 덕분에 스테이블코인 인프라가 확충되고, 그 결과 일반 사용자들이 게임머니 쓰듯 편리하게 스테이블코인을 접하게 될 시대가 올지도 모른다.

미국 FAANG이
스테이블코인 시장에
뛰어든 까닭은?

미국의 빅테크 기업, 이른바 FAANG으로 대표되는 거대 테크 기업들이 앞다투어 스테이블코인 시장에 뛰어드는 배경에는 이들 기업이 가진 분명한 비전과 정교한 사업 전략이 깔려 있다. FAANG 기업들은 단순히 기술력을 갖춘 기업이 아니라, 글로벌 금융 시스템에도 영향력을 미치려는 야심을 지닌 플랫폼 제국들이다. 그렇다면 미국의 FAANG 기업들이 스테이블코인에 주목하는 이유는 무엇일까?

카드 수수료를 줄이고 싶은 빅테크의 속사정

첫째, 비용 절감과 결제 인프라 혁신이다. 거대 플랫폼들은 매년 수조 원 규모의 거래를 처리하면서, 신용카드 수수료와 해외 송금 수수료로 막대한 비용을 지출하고 있다. 예를 들어, 아마존은 전 세계 마켓플레이스에서 판매 대금을 정산할 때 수많은 중간 은행을 거치며, 애플 앱스토어는 글로벌 개발자에게 송금하면서 높은 환전 수수료를 부담한다. 이러한 구조에서 스테이블코인을 도입하면 금융 중개 비용을 획기적으로 줄일 수 있다. 블록체인에서는 1달러를 전송하는 데 몇 센트면 충분하다. 게다가, 자체 스테이블코인을 발행해 결제망을 직접 구축할 경우, 카드사에 지불하던 2~3% 수준의 수수료도 상당 부분 절감할 수 있다.

실제로 에어비앤비^{Airbnb}는 카드망 수수료 부담을 줄이기 위해 2025년 초부터 월드페이^{Worldpay}와 스테이블코인 결제를 논의 중이다. 애플도 앱스토어 결제 수수료 절감을 위해 애플페이에 스테이블코인 연계를 검토하고 있다.

'은행'이 되고 싶은 플랫폼들

둘째, 새로운 수익원 창출이다. 앞서 살펴본 것처럼 스테이블코인 발행사는 준비금 운용 이자와 금융 서비스로 수익을 낸다. 빅테크가 자체 스테이블코인을 발행하면 은행과 같은 역할을 하며 금융 이익을 얻을 수 있다.

메타^{Facebook}가 추진했던 리브라도 글로벌 통화 바스켓을 준비자산으로 두고, 그 이자 수익으로 운영비를 충당할 계획이었다. 현재 페이팔 같은 핀테크 기업은 고객 예치금에서 이자 수익을 얻고 있지만,

이를 안정적으로 활용하려면 통일된 통화 단위가 필요하다. 스테이블코인이 바로 그 해답이 될 수 있다.

넷플릭스를 예로 들어보자. 지금은 전 세계 구독자 결제를 각국 통화로 받지만, 달러 연동 '넷플릭스코인'으로 통일한다면 환율 변동 리스크를 줄일 수 있다. 동시에 받은 코인을 운용해 이자 수익을 올릴 수도 있다. 이처럼 금융업 진출 효과를 기대할 수 있기에 FAANG 기업들은 스테이블코인을 새로운 사업 기회로 본다. 게다가 미국에서 스테이블코인 법이 통과되면서 법적 불확실성도 해소되어, 빅테크의 금융업 진입 부담은 한층 가벼워졌다.

내 코인 쓰는 사람은 내 생태계 안에 머무른다

셋째, 플랫폼 생태계 강화와 이용자 락인 전략이다. 빅테크들은 거대한 플랫폼을 운영하며, 자체 결제 수단을 도입해 사용자를 자사 생태계에 묶어둔다.

아마존은 이미 '아마존 페이'를 운영하지만, 한 걸음 더 나아가 전용 코인을 발행한다면 고객은 그 코인을 환불받지 않는 한 아마존 안에서만 쓰게 될 것이다. 선불 충전금 효과로 고객 이탈을 줄이고, 사용 편의성은 높아진다. 애플도 애플 페이, 애플 캐시Apple Cash 서비스를 운영 중이지만, 궁극적으로는 아이폰 이용자가 전 세계 어디서나 '애플코인'을 쓰도록 만들 수 있다. 앱스토어, 애플뮤직, 아이클라우드 등 모든 서비스 결제가 자사 코인으로 순환하면 플랫폼 장악력, 즉 락인 효과가 극대화된다. 구글 역시 비슷하다. 구글 플레이, 유튜브, 클라우드 서비스가 대표적이다. 특히 유튜브에서 전 세계 창작자 보상을 스테이블코인으로 지급하면 은행 계좌가 없는 이들까지 포괄할 수 있고, 환전 수수료도 절감된다.

이러한 플랫폼 강화 동기는 과거 페이스북이 리브라를 구상했던 이유와 같다. 전 세계 수십억 명이 쓰는 플랫폼에 자체 코인을 심으면, 그 생태계 자체가 금융 생활의 중심이 될 수 있기 때문이다.

가상 세계의 기축통화를 노리는 기업들

넷째, 미래 기술과 시장 신점을 위한 전략이다. 빅데그 기업은 늘 첨단 기술에 촉각을 곤두세운다. 스테이블코인은 메타버스나 사물인터넷과 자연스럽게 결합할 수 있는 대표적 사례다.

예를 들어, 메타버스 세계에서 현실 화폐와 1:1로 교환되는 스테이블코인이 존재한다면, 거래가 폭발적으로 늘어날 경우 표준 화폐를 제공한 기업이 곧 플랫폼을 지배하게 된다. 마크 저커버그가 메타버스 비전을 추진하며 리브라를 구상했던 것도 결국 가상 세계의 기축통화를 장악하려는 전략으로 해석할 수 있다. 애플과 구글 역시 AR/VR, 사물인터넷 플랫폼을 확장 중이다. 여기에 통합된 글로벌 결제 수단이 결합된다면 시장성은 훨씬 커질 것이다. 실제로 애플은 비공

식적으로 여러 크립토 스타트업과 접촉해 블록체인 기반 결제 기술을 연구하고 있다.[41]

남이 하면 나도 한다, 빅테크의 위기감

다섯째, '남들이 하니 우리도 대비해야 한다'라는 위기감이다. 빅테크 기업은 경쟁사의 움직임에 민감하다. 페이스북이 리브라를 발표했을 때 애플의 팀 쿡은 '사기업이 통화를 장악하는 건 옳지 않다'라고 공개 비판했지만, 이후 다양한 대안을 검토했었다. 아마존과 월마트 같은 유통 대기업도 스테이블코인 발행을 고려하고 있다.[42] 경쟁사가 먼저 주도권을 쥐면 안 된다는 경계심이 FAANG 내부에 자리 잡은 것이다.

중국의 디지털 위안화나 알리페이, 위챗페이 같은 핀테크 산업이 확장한 것 역시 위기감을 높이는 계기가 되었다. 미국 의회가 스테이블코인 법을 제정할 때 빅테크의 역할을 두고 논쟁이 있었는데, '만약 미국 기업들이 안 하면 해외(중국 등)에 주도권을 뺏길 수 있다'라는 논리가 힘을 얻은 바 있다.[43] 결과적으로 법안에서는 빅테크 기업의 스테이블코인 발행을 금지하지 않았으며, 이는 FAANG에게 녹색 신호로 받아들여졌다.

요약하면, 미국 FAANG이 스테이블코인에 뛰어드는 이유는 비용 절감, 신규 수익 창출, 플랫폼 강화, 미래 산업 대비, 그리고 경쟁 심리가 복합적으로 작용한 결과다. 이들은 이미 막강한 기술력과 방대한 이용자를 보유하고 있기 때문에, 규제 장벽만 낮아진다면 순식간에 스테이블코인 시장을 뒤흔들 수 있다. 결국 빅테크의 참여는 스테이블코인의 주류 편입을 가속화할 전망이다.

[페이스북의 리브라는
왜 실패했을까?]

2019년 6월, 페이스북은 달러 등 통화 바스켓에 연동된 글로벌 스테이블코인 '리브라' 발행 계획을 전격 발표했다. 전 세계 28개 기업이 참여하는 리브라 협회(이후 디엠 협회로 변경)를 만들어 관리하고, 페이스북 메신저와 왓츠앱을 통해 누구나 리브라를 주고받게 하겠다는 야심 찬 계획이었다. 저커버그 CEO는 은행 계좌 없는 17억명에게 금융 서비스를 제공하겠다는 목표를 내세운 바 있다.[44]

그러나 규제 당국과 중앙은행의 반응은 싸늘했다. 유럽연합과 미국 모두 '페이스북이 사실상 글로벌 중앙은행이 되는 것은 용납할 수 없다'라고 선을 그었다. 달러 패권 위협, 범죄 자금 악용 가능성, 개인정보 남용 전력 등이 문제로 지적됐다. 리브라는 정치적 역풍에 직면했다. 그 결과 비자, 마스터카드, 페이팔 등 초기 파트너사들이 잇따라 협회를 탈퇴했다. 2020년에는 프로젝트명을 디엠^{Diem}으로 바꾸고 달러 연동 축소판을 시도했지만 분위기는 여전히 냉담했다. 끝내 미 연준과 재무부의 승인을 얻지 못했고, 유럽중앙은행 역시 반대 의사를 분명히 했다.

결국 2022년 1월, 메타(구 페이스북)는 디엠 프로젝트를 접고 자산을 미국 실버게이트 은행에 2억 달러에 매각했다. 3년 가까운 시도가 막을 내린 것이다. 하지만 리브라 사태는 전 세계 정부가 스테이블코인의 잠재력을 다시 보게 만든 계기였다. 미 연준과 각국 중앙은행은 CBDC 개발에 착수했고, 미국 의회가 지니어스법 개정을

　스테이블코인의 모든 것

논의할 때도 리브라 경험이 큰 영향을 미쳤다.[45]

충분히 규제 설득 없이 리브라 프로젝트를 발표한 페이스북의 전략은 산업계와 정부에 통하지 않았다. 다른 빅테크 기업은 페이스북의 실패를 참고해 조용히 준비에 나섰다. 애플, 에어비앤비, 구글 등 다양한 기업이 스테이블코인과 자사 사업을 통합하기 위한 프로젝트를 수행하는 것이다.

페이스북의 리브라 프로젝트는 계획 발표만으로 전 세계를 긴장시켰다. 현재는 각국의 규제 당국의 모니터링 아래 있지만, 향후 규제가 더욱 명확해지면 언제든 거대 이용자 풀을 이용한 합법적 스테이블코인 서비스가 나올 수 있다. 한편으로 리브라 프로젝트는 기술력보다 신뢰가 필요하다는 교훈을 남겼다. 이제는 여러 빅테크 기업도 금융 당국과 협력하며 기회를 엿보고 있는 것이다. 머지않아 과거 페이스북의 리브라기 꿈꿨던 글로벌 디지털 통회기 다른 형태로 현실화될 수 있다. 누가 선두일지는 지켜볼 일이다.

PART 3

스테이블코인의
투자와 미래

스테이블코인은 전통 금융과 융합될 수 있을까?

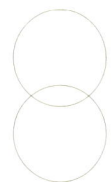

스테이블코인은 겉으로 보기에는 '가격 변동이 없는 암호화폐'처럼 보일 수 있다. 하지만 그 진정한 가치는 전통 금융 시스템과 맞물릴 때 비로소 드러난다. 자금 이동에 늘 따라붙던 세 가지 비용, 이를테면 시간과 공간, 경계를 동시에 줄여주기 때문이다.

스테이블코인이 줄이는 '보이지 않는 비용들'

먼저, 시간의 비용이다. 전통 금융에서는 제도권 은행의 거래가 주말과 야간에 멈추고, 평일에도 이체가 완전히 실시간이라기보다는 다소 지연되는 경우가 많다. 스테이블코인은 블록체인 네트워크를 통해 24시간 365일 거래가 가능해 이러한 지연을 크게 줄인다. 결제는 언제든지 즉시 정산되며, 시간에 구애받지 않는다. 밤이나 공휴일에도 돈이 오가고, 송금이나 결제가 실시간으로 이루어진다. 전통 금융이 잠든 시간에도 스테이블코인은 계속 움직인다.

두 번째는 공간의 비용이다. 돈이 국경을 넘나들 때는 복잡한 통화 교환 절차와 여러 중개 기관을 거치는 비용이 발생한다. 이 모든 것이 공간의 제약에서 비롯되는 구조다. 스테이블코인은 한 종류의 디지털 토큰으로 글로벌하게 통용될 수 있기 때문에, 중간 단계를 생략하고 바로 해외로 자금을 보낼 수 있다.

예를 들어, 미국의 달러 스테이블코인을 한국의 기업이나 개인이 직접 받게 되면, 기존 국제 송금 과정에서 발생하던 은행 수수료와 환전 마찰을 대폭 줄일 수 있다. 중개 은행을 거치지 않아도 되기 때문에, 절차는 간단해지고 처리 시간도 짧아진다. 송금의 효율성과 비용 측면에서 큰 개선이 이루어지는 셈이다.

셋째로, 경계의 비용이다. 이는 블록체인 자산과 전통 금융 자산을 오갈 때 발생하는 인증이나 규정 준수 같은 행정적 절차를 의미한다. 예를 들어, 가상자산 거래소에서 암호화폐를 현금화해 은행 계좌에 입금하려면, 개인 입장에서는 신원 인증, 자금 출처 확인 등 여러 단계를 거쳐야 한다. 스테이블코인은 디지털 토큰 자체가 법정화폐의 가치를 반영하고 있어, 번거로운 경계 간 절차를 상당 부분 단순화할 수 있다.

특히 자산 이전이 디지털 네이티브 환경에서 이뤄지는 만큼, 기존 금융 시스템보다 훨씬 효율적으로 작동할 수 있다. 거래 기록이 블록체인에 투명하게 남고, 프로그램으로 자동 대사$^{自動 對捨}$*가능하기 때문에 기관 간 확인 작업도 줄어든다. 이렇게 결제·정산의 레일을 스테이블코인으로 깔면 시간, 공간, 경계 비용이 모두 축소된다. 한마디로 금융의 비효율성을 최소화하는 셈이다.

매출이 들어오는 순간, 돈이 바로 움직인다

자금 이동이 빨라지면 무엇이 좋을까? 무엇보다, 그동안 지체되던 시간을 회수할 수 있다. 이는 기업의 자금 운용에 즉각적인 효용을 준다. 몇 가지 사례를 보자.

카드 매출 정산 단축: 기존에는 카드 매출 대금이 거래일로부터 이틀 뒤(D+2)에야 가맹점 통장에 입금됐다. 하지만 스테이블코인 기반의 정산망을 활용하면, 당일 밤(D+N), 심지어 실시간(T+O)에 가까운 시점에도 지급이 가능해진다. 예를 들어, 오늘 오후 5시에 카드로 발생한 매출이 그날 밤 11시에 스테이블코인으로 정산된다면, 가맹점주는 다음 날 아침에 바로 그 돈을 쓸 수 있다. 하루나 이틀 걸리던 현금 회수가 몇 시간 만에 이뤄지는 셈이다.

---

* 회사의 장부(내부 기록)와 외부 자료(예: 은행 거래 내역, 카드사 정산 내역 등)를 자동으로 대조(照勝, reconciliation)하는 과정.

이커머스 셀러의 실시간 정산과 운용: 온라인 쇼핑몰 판매자는 하루 동안 쌓인 매출을 매일 밤 스테이블코인으로 정산받을 수 있다. 이렇게 되면 협력사에 대한 대금도 같은 날 밤에 바로 지급할 수 있다. 예를 들어, 오후 10시에 그날 매출을 스테이블코인으로 정산받고, 곧바로 원두 납품업체의 지갑으로 대금을 전송해. 다음 날 새벽에 로스팅 원두를 주문하는 방식이다.

남은 자금은 하루짜리 초단기 금융 상품, 이를테면 토큰화된 머니마켓펀드 등에 투자해 조금이라도 이자를 불릴 수 있다. 다음 날 아침, 필요할 때 즉시 그 투자를 회수해 재료비로 활용하면 된다. 하루의 짧은 시간도 허투루 두지 않고 자금을 굴리는 것이다.

글로벌 자금 풀링(Pooling): 해외에 여러 자회사를 둔 제조기업을 예로 들어보자. 기존에는 시차와 국가별 은행 시스템의 차이로 인해 본사가 각 지역의 자금을 제때 모으기 어려웠다. 그러나 스테이블코인을 활용하면, 시차와 관계없이 각 자회사가 보유한 자금을 실시간으로 본사의 지갑으로 전송할 수 있다. 예를 들어, 뉴욕 지사의 달러 수입금을 본사에서 발행한 달러 스테이블코인으로 밤에 곧바로 받아올 수 있다. 이렇게 본사 풀에 모인 자금은 즉시 다른 지역 법인에 재배분할 수도 있다. 자금 이동이 전 세계적으로 실시간화되는 것이다.

프리랜서와 1인 크리에이터: 플랫폼 수익이나 해외 고객 결제를 받는 프리랜서는 그동안 보통 월말이나 분기마다 정산을 받았다. 이제는 매일 또는 매주 스테이블코인으로 수익을 수취할 수 있다. 예를 들어 유튜브 광고 수익을 매일 달러 스테이블코인으로 정산받고, 환율이 좋을 때 필요한 만큼만 원화로 환전하는 식이다.

환율이 나쁠 때는 굳이 환전하지 않고, 스테이블코인으로 보유하거나 그 자체로 해외 서비스 결제를 할 수도 있다. 환전 타이밍을 사용자 스스로 선택할 수 있게 되어, 유리한 시점에만 원화로 환전한다. 소득이 들어오면 바로 생활비 등으로 활용할 수 있어 금전 계획도 한층 유연해진다.

기존에는 자금이 며칠씩 계좌에 묶여 있는 '빈 시간'이 있었다. 이 시간을 줄일 수 있다면, 사업체는 같은 매출 규모로도 훨씬 적은 운진자금으로 사업을 운영할 수 있다. 돈이 자주 도는 기업일수록 외부 차입에 덜 의존하게 되고, 재무 체질도 가벼워질 수 있다.

대출도 '사람' 아닌 '코드'가 관리한다

스테이블코인은 신용, 즉 대출 분야에서도 변화를 일으킨다. 블록체인의 스마트 컨트랙트를 활용하면, 담보 설정부터 대출 실행, 이자 계산, 상환, 심지어 청산까지 모든 과정을 코드로 자동화할 수 있다.

스테이블코인을 담보로 돈을 빌리는 과정을 상상해보자. 만약 일정량의 스테이블코인을 스마트 컨트랙트에 예치, 다시 말해 '잠금' 하면, 그 계약은 담보를 잡은 증표 역할을 한다. 이제 이 담보 기반으로 대출을 실행할 수 있다. 담보 설정, 대출 실행, 이자 계산, 상환까지 모두 사전에 짜놓은 코드 규칙대로 움직인다.

초단기 운전자금 대출: 앞서 소개한 쇼핑몰 판매자처럼, 매일 매출을 스테이블코인으로 받는 사업자는 그 미래 매출 흐름을 담보로 대출을 받을 수 있다. 예를 들어, 오늘 들어올 매출을 담보 삼아 오전에 필요한 자금을 미리 당겨쓰고, 다음 날 실제 매출이 들어오면 자동으로 상환하는 것이다. 이 경우 담보는 어제까지 누적된 매출 내역 또는 오늘 예치한 스테이블코인이 될 것이다. 대출 계약은 스마트 컨트랙트로 작성되어, 다음 날 정해진 시각에 자동으로 상환을 실행한다. 사람이 일일이 상환 절차를 밟지 않아도 되는 것이다.

리볼빙 신용 공여: 사업자가 리볼빙 방식의 신용 대출이 필요하다고 가정해 보자. 최근 30일 평균 매출의 일정 비율을 대출 한도로 정하고, 그 안에서 자유롭게 빌리고 갚는 구조를 만들 수 있다. 예를 들어, 최근 한 달 동안의 일일 평균 매출액의 50%를 한도로 설정하면, 사업자는 필요할 때마다 그 한도 내에서 스테이블코인을 수시로 빌려서 사용할 수 있다. 매출이 꾸준히 담보로 들어오기 때문에, 사업자의 신용은 실시간으로 보완된다. 이 모든 과정이 은행 직원 승인 없이 코드로 운용할 수 있다.

스마트 컨트랙트를 이용한 대출에는 뚜렷한 강점이 있다. 바로, 담보 가치의 변화에 대한 대응까지 자동화된다는 점이다. 담보로 맡긴 자산의 가치가 하락하면, 다시 말해 담보로 잡힌 스테이블코인의 가격이 떨어지면, 계약은 사전에 정의된 조건에 따라 자동으로 추가 상환이나 담보 보충을 요구할 수 있다. 이를 마진콜[margin call]이라고 한다.* 만약 차입자가 대응하지 않으면 일부 담보를 강제 청산해 대출금을 회수한다. 이때도 일괄 청산으로 충격을 주기보다는, 단계적으로 일부씩 청산을 코드로 수행할 수 있다. 예를 들어 담보 가치가 일정 수준 밑으로 떨어지면 24시간 내 일정 비율의 대출을 상환하도록 요구하고, 그래도 이행 안 하면 담보의 10%를 먼저 매각해 상환, 이후 부족하다면 추가 매각하는 방식으로 세밀하게 단계별 청산 규칙을 프로그래밍하는 것이다.

제도권 편입을 위한 기술과 법의 공존

문제는 기술이 법적 정당성까지 보장하지는 않는다는 사실이다. 특히 온체인(블록체인) 계약이 오프체인 자산과 연동될 때 이 문제가 더 뚜렷해진다. 예를 들어, '스마트 컨트랙트에 담보로 걸었다'라고 주장하더라도, 현실 세계에서 법적 담보권이 성립되려면 담보 자산에 대

---

* 투자자가 레버리지 내 주식 혹은 파생상품을 매수·매도할 때, 증권사(브로커)는 일정 금액(증거금)을 맡겨두라고 요구하는데, 시장 가격이 떨어져 계좌의 자산 가치가 일정 수준 이하로 떨어지면 증권사가 요구하게 되는 추가 증거금.

한 법률적 권리 설정이 꼼꼼히 이루어져야 한다. 담보물이 재고나 매출채권처럼 실물 또는 채권 자산이라면, 블록체인에 토큰으로 표시됐다고 해서 곧바로 다른 채권자보다 우선적으로 변제받을 권리가 생기는 것은 아니다. 해당 자산에 대한 질권 설정이나 담보권 등기를 오프체인 법률 절차를 통해 확보해야 한다. 그래야 만약 차입자가 파산하더라도, 담보권자는 우선 변제받을 법적 권리를 행사할 수 있다.

그뿐만 아니라, 대규모 환매 사태(런)에 대한 대비도 법적·제도적 장치로 마련돼야 한다. 예를 들어, 스테이블코인 발행사가 동시에 많은 상환 요구를 받게 되는 상황을 가정해 보자. 이때 누가 먼저 상환을 받고, 누가 나중에 받는지, 나아가 발행사가 버티지 못해 파산에 이르게 되면 어떤 절차로 남은 준비금을 분배하고 정리할지를 미리 정해놓아야 한다. 이런 과정은 코드가 자동으로 해줄 수 없다. 기술이 신속한 신용 기반 대출을 가능하게 해준다면, 법과 제도는 만일의 사태에서 공정성을 책임지는 역할을 한다. 두 요소가 함께 움직일 때, 비로소 스테이블코인은 '제도권 신용'으로 인정받을 수 있다.

스테이블코인이 현실 세계에 스며들면, 우리의 일상적인 금융 활동도 구체적으로 달라진다. 앞서 기업 사례를 살펴봤지만, 이를 개인과 기업 거래 현장으로 넓혀 보면 프로그래머블 머니*의 위력이 커질 수 있다.

---

* 말 그대로, 프로그램 가능한 돈을 뜻함. 돈 자체에 조건·규칙·코드를 심어서 특정 상황에서만 쓰이거나 자동으로 움직이게 만드는 개념.

매출과 결제 그리고 납품 변화: 작은 카페라도 매출이 들어오는 즉시 자금을 움직일 수 있다면, 운영 방식이 달라진다. 예를 들어, 밤 10시에 영업을 마친 카페가 그날 발생한 카드 매출을 스테이블코인으로 즉시 정산받는다. 몇 분 뒤, 그 돈으로 원두 공급업체에 대금을 지급한다. 공급업체는 입금을 확인하자마자 새벽에 원두를 볶고, 다음 날 아침 카페에 납품한다. 기존에는 정산에 시간이 걸려 원두 주문을 하루이틀 미루거나, 미리 현금을 쌓아두어야 했겠지만, 이제 매출 → 결제 → 납품이란 과정이 24시간 안에 한 바퀴 돌 수 있다.

중견 수출기업의 환율 관리: 예를 하나 들어보자. 지방의 중견 수출기업은 해외 자회사로부터 판매 대금을 송금받는다. 과거에는 각 자회사가 번 돈을 달러로 모은 뒤, 은행을 통해 본사 계좌로 송금했다. 본사는 들어오는 대로 수시로 환전해 원화로 바꾸곤 했다.

하지만 스테이블코인을 도입하면 상황이 달라진다. 이제 자회사는 판매 대금을 달러 스테이블코인으로 즉시 본사 지갑으로 보낼 수 있다. 시차와 무관하게 실시간으로 들어오는 셈이다. 본사 지갑에 달러 토큰이 쌓이지만, 바로 환전하지는 않는다. 환율이 유리한 날을 기다렸다가, 모아둔 토큰을 한꺼번에 원화로 바꾼다. 비교적 원화 가치가 높을 때 일괄 환전함으로써, 환전 손실을 줄일 수 있다.

앞선 예시들처럼, 과거에는 시스템이나 인력 문제로 불가능했던 현금 운용이 이제는 스테이블코인을 통해 가능해진다. 스테이블코인은 기본적으로 프로그래머블한 결제 수단이기 때문이다. 즉, 돈을 언제, 어디로, 얼마를 보낼지를 사람이 아니라, 미리 설정한 프로그램이 결정하도록 설계할 수 있다. 기업과 개인은 자신만의 규칙에 따라 현금을 유연하게 굴릴 수 있고, 그 결과 비용을 줄이거나 새로운 기회를 포착할 수 있다.

스테이블코인 발행과
이더리움 시장이 들뜬 이유는?

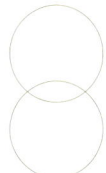

크로노스리서치^{Kronos Research}의 최고투자책임자^{CIO} 빈센트 리우^{Vincent Liu}는 "이더리움 내 스테이블코인 공급이 사상 최고치를 기록했다는 것은, 네트워크가 더 이상 투기 수단이 아닌 디파이 생태계 달러화 인프라로 자리매김했음을 보여준다"[1]라고 평가했다. 이는 스테이블코인 공급량이 2025년 9월 현재 1,660억 달러로 한 달 전(1,495억 달러)에 비하여 크게 증가한 것에 대해서다.

미국 등 주요 국가가 스테이블코인 발행과 유통을 허용하고, 글로벌 금융사와 빅테크 기업이 스테이블코인 발행을 앞다퉈 발행하자, 블록체인 네트워크인 이더리움과 이더 시장이 덩달아 들썩이고 있다. 미국 의회에서 스테이블코인 발행을 공식화한 법안인 지니어스법이 통과됨에 따라 JP모건 등 유력 금융사도 스테이블코인 발행을 공식 발표한 바 있다.

이더리움의 작동 원리와 차별성

위 두 장면을 살펴보면 스테이블코인은 이더리움과 큰 관련성이 있는 것으로 보인다. 그런데, 이더리움과 스테이블은 무슨 관계일까? 먼저 이더리움부터 이해하도록 하자.

이더리움은 스마트 컨트랙트를 중심으로 금융, 게임, NFT 거래 등 다양한 서비스가 운영되는 블록체인 네트워크다. 비트코인의 채굴 방식인 작업 증명^{Proof of Work, PoW}과 달리, 지분 증명^{Proof of Stake, PoS} 방식으로 작동한다.

이 방식에선 일정량의 코인을 예치한 거래자 중 무작위로 검증자가 선택된다. 이들이 거래를 확인하고 블록에 기록하며, 그 보상으로 이더리움 기반 가상화폐인 이더를 받는다. PoW와 비교하면 복잡한 연산이 필요 없기에 전력 소비가 적고, 환경 친화적이라는 장점이 있다. 그렇다면 이더리움과 이더에 스테이블코인이 중요한 이유는 무엇일까? 스테이블코인의 성장은 곧 이더리움 생태계의 확장이라고 볼 수 있다. 무엇보다 스테이블코인은 이더리움 기반으로 발행되고 있기 때문이다.

USDT, USDC 같은 법정화폐 담보형 스테이블코인부터, DAI처럼 암호화폐 담보형 스테이블코인까지, 대부분이 이더리움 네트워크 위에서 돌아간다. 그리고 이더리움 기반 스테이블코인을 발행하는 기업의 비중이 점차 늘어나면서, 단순한 거래를 넘어선 다양한 활용 가능성도 함께 커지고 있다.

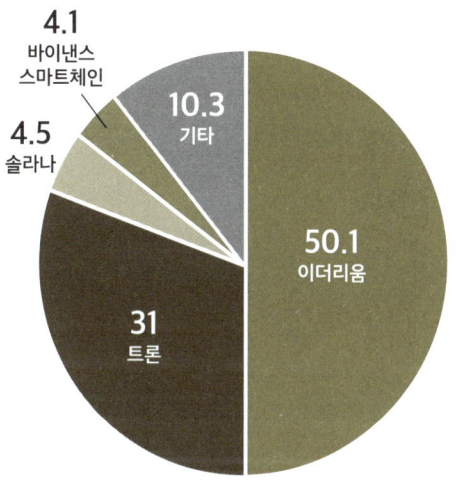

그림 3-1 • 스테이블코인 발행·유통, 최대 인프라는 이더리움

스테이블코인과 이더리움의 네 가지 연결 고리

스테이블코인과 이더리움, 그리고 이더의 관계는 크게 네 가지로
설명할 수 있다. 가스비 지불, 스마트 컨트랙트 실행 비용, 네트워크
가치 증대, 생태계 상호 의존성이 그것이다.

먼저, 가스비 지불이다. 이더리움 네트워크에서 스테이블코인을 전
송할 때마다 가스비를 이더로 내야 한다. 예를 들어 테더로 100달러
를 보내더라도, 그에 더해 별도로 이더를 가스비로 지불해야 한다.
거래 수수료 일부는 네트워크에서 소각되며, 이는 이더의 총공급량
을 줄이는 효과를 낳는다.

둘째는 스마트 컨트랙트 실행 비용이다. 스테이블코인을 발행하거나 소각하고, 다른 자산으로 교환하는 모든 과정에는 이더가 필요하다. 더 나아가 디파이에서 스테이블코인을 예치하거나 대출할 때도, 수수료는 이더로 지불된다.

셋째는 네트워크 가치의 증대다. 스테이블코인 사용량이 늘어나면 자연히 이더리움 네트워크의 활용도도 증가하고, 이에 따라 이더 수요 역시 함께 증가한다. 더 많은 스테이블코인이 거래될수록 가스비도 늘어나고, 이더 소각량도 증가하기 때문이다.

넷째는 생태계의 상호 의존성이다. 스테이블코인이 활발히 쓰일수록 이더리움 네트워크 자체의 가치가 높아진다. 이더 가격이 안정적일수록 신뢰도와 안정성이 올라가고, 그 결과 더 많은 기업이 이더리움 기반 스테이블코인 발행을 선호하게 된다.

요약하면, 이더리움이 고속도로라면, 이더는 그 고속도로를 달리기 위한 통행료이자 연료라고 할 수 있다. 스테이블코인과 이더리움의 관계는 이더 보유자에게도 긍정적인 영향을 줄 수 있다. 이는 이더리움의 공급과 수요 구조와 밀접하게 연결된다.

실제로 스테이블코인 거래는 이더리움 전체 거래량에서 상당한 비중을 차지한다. 따라서 스테이블코인 사용이 많아질수록, 더 많은 이더가 소각된다. 경제학적으로 보면, 공급이 줄면 가격 상승 압력이 생긴다.

특히 암호화폐 담보형 스테이블코인 DAI의 경우, 발행하려면 이더를 담보로 예치해야 한다. DAI 발행량이 늘어날수록 더 많은 이더가 스마트 컨트랙트에 '잠기게' 되고, 이는 곧 이더의 유통량 감소로 이어진다. 결국 이더 공급량이 줄어드는 구조이며, 가격 상승 요인이 될 수 있다.

이더리움 수요 확대와 네트워크 효과

이번에는 수요 측면에서 살펴보자. 스테이블코인 발행량이 늘어남에 따라 거래가 증가하면, 이더리움 네트워크에 유입되는 이용자도 함께 늘어난다. 이는 자연스럽게 이더 수요의 증가로 이어진다. 무엇보다 네트워크 효과가 커지기 때문이다. 구체적으로 말하면, USDT, USDC, DAI 등 스데이블코인의 전송, 교환, 스마트 컨트랙트 실행 시 발생하는 모든 거래는 가스비를 소모한다. 예를 들어, 이더리움 네트워크에서 USDT 전송에 드는 수수료는 2022년 8월 기준으로 0.5달러에서 최대 7달러까지 변동했다. 네트워크가 확장되고 혼잡해질수록 이 수수료는 더 높아진다. 이 기간 동안 이더리움의 가스비는 네트워크 수익을 크게 증가시킬 수 있는 요소다.

네트워크 효과에 따라 수수료 수익이 늘어나는 점도 주목할 만하다. 이더리움의 수수료 수익 수준은 전체 블록체인 네트워크 가운데 최고 수준이다. 2024년 한 해 동안 이더리움은 수수료 수익으로 24억 8,000만 달러를 벌어들였고, 이는 다음 순위인 트론^{TRON}(21억

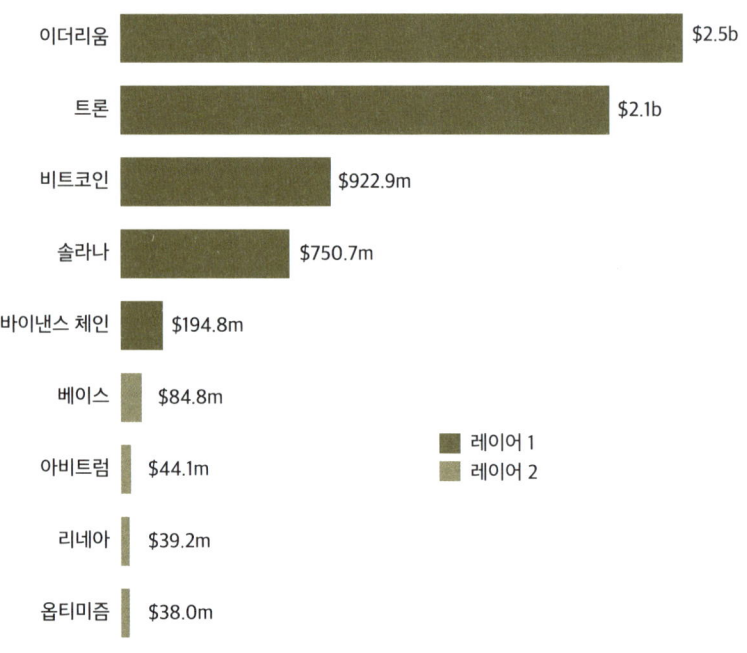

이더리움 ——————————————————————————— $2.5b

트론 ———————————————————————— $2.1b

비트코인 ——————— $922.9m

솔라나 —————— $750.7m

바이낸스 체인 —— $194.8m

베이스 — $84.8m

아비트럼 $44.1m

리네아 $39.2m

옵티미즘 $38.0m

■ 레이어 1
■ 레이어 2

그림 3-2 · 2024년 블록체인 수수료 수익

5,000만 달러)의 두 배가 넘는다. 이더리움은 하루 평균 679만 달러를 벌어들이며, 분산 금융과 스마트 컨트랙트 분야에서 확고한 지배력을 유지하고 있다.

스테이블코인과의 연계성 덕분에 이더 가격은 더욱 크게 오를 가능성이 있다. 이더리움 블록체인의 기반 인프라 역할을 하는 레이어 1에 더해, 이를 보완하는 보조 네트워크인 레이어 2의 등장으로 거래 속도는 개선되고 수수료는 낮아지고 있기 때문이다.

또한 네트워크 확장성 강화 등의 요인으로 이더 가격 상승에 대한 기대감도 커지고 있다. 업계 일부에서는 2025년 9월 현재 4,500달러 수준인 이더 가격이 머지않아 1만 달러에 도달할 수 있다는 전망도 나온다. 이더리움 기반 ETF에도 투자 자금이 몰리고 있다. 실제로 2025년 9월 8일부터 12일까지 5일간 이더리움 현물 ETF에 유입된 자금은 6억 3,800만 달러에 달한다.

쉽게 말해, 스테이블코인의 성장 가능성이 이더리움 네트워크와 이더 가격의 확장성에도 긍정적인 영향을 미치고 있는 것이다.

ESG 투자, 스테이블코인으로 다시 설계된다

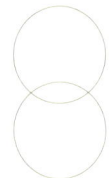

ESG는 환경^{Environment}, 사회^{Social}, 지배구조^{Governance}를 뜻하며, 기업이나 투자에서 이 세 가지 비재무적 요소를 함께 고려한다는 의미다. 그런데 흔히 ESG를 '착한 기업' 정도로 여기는 경우가 많다. 그러나, ESG의 본질은 '착함'이 아니다. 이해관계자에게 평가받을 수 있도록 '측정 가능함^{measurable}'이다. 즉, 어떤 사업에 얼마를 써서 무엇을 얼마나 변화시켰는지를 수치로 증명하고, 그 결과를 자본 배분(투자)에 반영하는 것이 ESG 금융의 핵심이다.

과거 기업의 ESG 경영이 그린워싱[*]을 비롯하여 보여주기식이라는 비판을 받았던 건, 많은 기업들이 그럴듯한 슬로건만 남발하고 정작 숫자와 증거를 제시하지 못했기 때문이다. '탄소중립을 지향한다', '동

---

* 기업이나 기관이 실제로는 친환경적이지 않으면서, 마치 환경을 생각하는 것처럼 광고 및 홍보함으로써 대중을 속이는 행위.

반 성장을 추구한다'라는 선언은 그럴싸 하지만 정말로 얼마나 감축했고 몇 명의 삶이 개선되었는지 데이터가 없으면 의미가 없는 이야기일 것이다.

스테이블코인의 기술적 가능성과 ESG 연결

이런 문제의식 속에서, 스테이블코인과 토큰화 금융은 ESG 기업에 여러 가지 실질적인 이점을 토큰화 금융이란 실물 자산을 디지털 토큰으로 변환하여 블록체인상에서 거래하고 관리하는 금융 체계를 뜻한다. 하나는 자금 흐름의 추적 가능성^{traceability}이고, 다른 하나는 조건부 자동 집행 능력^{programmability}이다. 추적 가능성은 '돈이 어디에 쓰였는지'를 더 명확히 보여주고, 조건부 자동 집행은 '특정 목표가 달성되었을 때만 돈이 집행되도록' 설계함으로써 결과를 담보한다. 이 두 요소를 잘 결합하면, ESG 자금이 제대로 쓰이고 있는지, 그리고 실제 변화를 만들어냈는지를 명확히 증명할 수 있다. 그럴 때 비로소 ESG라는 이름에 걸맞은 지속가능한 금융이 형성된다.

특히, 두 가지 특성은 ESG 금융에서 핵심 질문에 답하는 데 큰 도움이 된다.

첫째, 자금 흐름의 추적성이다. 특히 기업의 공급망에서 블록체인상 거래는 공개 원장에 기록되므로, 특정 돈이 어디로 흘러갔는지 투명하게 알 수 있다. 물론 개인정보 이슈로 모든 세부 내역을 다 공개할 순 없지만, 원칙적으로는 돈의 이동 경로를 아주 세밀한 단계까지 추적할 수 있다. 예를 들어 정부나 국제기구가 취약계층 지원금으로 100억 원을 썼다면, 그 100억 원이 어떤 기관을 거쳐 어떤 개인들에게 얼마나 전달되었고, 그들이 다시 어느 가게나 용도로 썼는지까지 파악이 가능하다. 기존에는 수백 페이지 회계 보고서와 증빙 영수증 더미로 겨우겨우 파악할 것을, 이제는 원장 데이터 분석으로 한눈에 볼 수 있다.

둘째, 프로그래머블한 집행이다. ESG 프로젝트나 상생 사업은 목표를 이루기까지 시간이 소요되고 불확실성도 존재한다. 그래서 목표 달성에 따라 대금을 지급하는 결과 기반 금융Outcome-based financing이 각광받는데, 그 구현을 스마트 컨트랙트가 손쉽게 해줄 수 있다. 청년 취업 지원 사업을 예로 들어보자. 정부가 민간에 맡겨 청년 취업을 돕게 하고, '취업에 성공해 6개월 이상 근속한 사람 1명당 1천만 원 지급' 같은 성과 연계 계약을 맺었다고 하자. 과거라면 사업자가 '우리 100명 취업시켰으니 100억 주세요'라고 주장하면 정부가 일일이 확인하고 지불해야 할 것이다. 이러한 과정을 스마트 컨트랙트로 진행한다면, 독립적인 데이터 피드가 취업자의 6개월 근속 여부를 확인해 승인 신호를 보내고 '자동 지급' 여부를 결정할 수 있다. 그러면 사업자가 엉터리로 숫자를 부풀릴 수 없을 것이며, 목표 달성 못 하면 애초에 돈이 안 나가니 불필요한 예산 낭비도 없을 것이다.

정리하면, 토큰화 금융은 ESG에 '돈이 정확히 그 약속된 곳에 쓰이게 하고, 약속된 결과를 내야만 돈이 풀리게 하는' 메커니즘을 제공한다. 그 결과를 모두 데이터로 축적하니, 어떤 프로그램이 효과적인지 비교·평가하기도 쉬워진다. 토큰화 금융은 그 성과 측정을 기술적으로 뒷받침하는 도구인 셈이다.

ESG 채권에서 탄소시장까지, 투자 기회는 이미 존재한다

현재 ESG 분야에는 이미 여러 금융 상품이 존재한다. 형태와 구조는 제각각이지만, 나름의 목적을 가지고 설계된 것들이다. 각각 특징이 다르지만, 공통적으로 마주하는 도전 과제가 있다. 먼저 주요 상품들을 살펴보면 다음과 같다.

녹색채권(Green Bond)·사회적채권(Social Bond)·지속가능채권(Sustainability Bond): 특정 프로젝트에만 돈이 쓰이도록 용도를 제한한 채권들이다. 예를 들어 녹색채권은 친환경 프로젝트에만 사용해야 하고, 사회적채권은 취약계층 지원 등에만 써야 한다. 발행 후 투자자들에게 사용처와 결과를 담은 보고서를 공개하는 게 일반적이다.

지속가능연계채권(SLB)·지속가능연계대출(SLL): 이는 기업 수준의 ESG 성과를 목표치와 연계한 상품이다. 용도 제한은 없지만, 대신 발행 기업이 KPI를 달성하느냐에 따라 금리 등의 조건이 바뀐다. 예를 들어 SLB 계약에 '향후 5년간 탄소 배출을 30% 감축 못 하면 금리가 0.5%p 올라간다' 같은 조항이 존재하는데, 이는 기업 전체의 변화를 유도하는 구조다. 마치 ESG 성과가 안 좋으면 벌점 형식의 금리를 물리는 형태다.

성과기반 금융: 대표적으로 사회성과연계채권(Social Impact Bond, SIB)과 개발성과연계채권(Development Impact Bond, DIB)이 있다. 민간 투자가 선투자하고, 정부나 공공이 성과가 확인되었을 때만 원금과 인센티브를 돌려주는 구조다. 예를 들어 어느 지방정부가 노숙자 재취업 프로그램을 SIB로 시행하면, 민간이 돈을 대서 프로그램을 운영하고, 나중에 실제로 얼마나 자립했는지 등 구체적 성과 지표에 따라 정부가 상환 및 보상한다. 실패하면 정부는 돈을 적게 주거나 안 주고, 대신 투자자는 손실을 감수하는 것이다. 쉽게 말해, 돈과 책임을 정교하게 연결한 모델이라고 평가할 수 있다.

탄소시장·자연자본시장: 탄소배출권 거래제, 탄소크레딧, 또는 생물다양성 크레딧 등 환경 성과를 상품화한 시장들이다. 어떤 사업이 탄소를 직접 감축했거나(Reduction), 배출을 회피했다면(Avoided), 그것을 검증해 1톤당 크레딧을 발급하는 방식이다. 이렇게 발급된 크레딧을 다른 기업들이 구매해, 자기 배출량을 상쇄한다. 가격은 수요와 공급에 따라 정해지며, 이 가격 신호를 통해 기업들이 탄소 감축이 이득이 되는 방향으로 행동을 바꾸도록 유도한다.

스테이블 기반 ESG 투자, 무엇이 다른가

다양한 상품과 연계하기 위해서는 스테이블코인, 혹은 토큰화 금융과 결합한 정교한 평가 설계가 필요하다. 토큰화 금융이 쓰인 기업과 안 쓰인 기업의 변화 차이를 비교해 전통 금융이 쓰인 기업의 사업에 비해 어떠한 차이가 있는지 분석하는 식이다.

다시 강조하지만, ESG 금융의 성패는 얼마나 정확히 측정하고 입증하는지 여부에 달렸다. 스테이블코인과 토큰화 금융은 이러한 과제를 기술적으로 도와줄 수 있다는 점에서 주목받을 수 있다.

지금 한국의 가상자산 규제는
어디까지 왔을까?

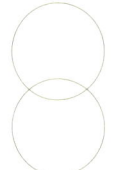

한국에서는 2024년, '가상자산 이용자 보호법(가상자산 이용자 보호 등에 관한 법률)'이 시행되면서 가상자산 규제의 틀이 본격적으로 갖춰졌다. 법률 이름에서 드러나듯, 이 법은 '이용자 보호'를 중심 가치로 삼는다. 그전까지는 '특정금융정보법(특정 금융거래정보의 보고 및 이용 등에 관한 법률)'을 통해 거래소의 자금세탁방지 의무나, 은행 실명계좌 연동 요구 등 극히 제한된 범위만 규율했을 뿐이다. 투자자 재산 보호나 시장의 투명성 확보보다는, 자금 흐름 추적과 범죄 예방에 초점이 맞춰져 있었다.

하지만 이제는 이용자의 재산 보호부터 불공정거래 금지, 정보 공시 의무까지 포함하는 종합적인 법률이 마련된 셈이다. 단일 법령이 여러 영역을 아우르는 구조로 설계되었기 때문에, 법적 기반이 취약했던 가상자산 시장에도 제도권의 논리가 적용되기 시작한 것이다.

스테이블코인의 모든 것

이 법의 핵심은 세 가지 키워드로 요약할 수 있다. 바로 보관, 상환, 그리고 질서다. 각각은 자산의 물리적 안전성, 거래의 신뢰성, 그리고 시장의 공정성을 상징한다.

보관과 보호: 이용자 자산은 어떻게 지켜지는가

보관은 자산 보호를 의미한다. 고객의 원화 예치금과 디지털자산을 가상자산 사업자의 자산과 철저히 분리해 안전하게 보관하라는 뜻이다. 가상자산 이용자 보호법에 따르면, 고객의 원화 예치금은 은행에 신탁하거나 분리 예치해야 하며, 거래소 등 가상자산 사업자가 자기 계좌에 섞는 것을 금지한다. 은행이 파산하더라도 고객 자산이 보호되도록 신탁 계정을 사용하는 방식을 권고한다.

또한, 고객의 가상자산, 특히 코인류는 경제적 가치 기준 80% 이상을 콜드월렛*에 보관토록 의무화했다. 콜드월렛은 인터넷과 완전히 분리된 지갑으로, 해킹 위험이 현저히 낮다. 다만 출금 등 실시간 대응을 위해 최대 20%까지는 핫월렛에 둘 수 있다. 이 경우 핫월렛에 있는 자산에 대해서는 해킹 보험, 공동 공제, 혹은 손실 충당을 위한 자기 적립금을 반드시 확보해야 한다.

예를 들어 핫월렛에 100억 원어치의 코인이 들어 있다면, 그에 상응하는 100억 원 규모의 보험 가입이나 준비금을 마련해야 한다. 이

---

* 암호화폐를 보관하는 지갑 중에서도 인터넷에 연결되지 않은 오프라인 지갑.

렇게 하면, 만약 해킹으로 인해 50억 원이 유출되는 사태가 벌어지더라도 사용자에게 전액 배상할 수 있다.

출금과 공시: 거래 투명성과 권리 보장

상환(출금) 및 공시는 주로 스테이블코인 등에 해당하는 내용이다. 가상자산 이용자 보호법은 거래 사업자가 이용자 출금을 제멋대로 막지 못하도록 했다. 그동안 일부 해외 거래소 등에서 가격 폭등 및 폭락 시 출금 중단을 핑계로 고객 자금 인출을 제한하는 사례가 있었다. 가상자산 이용자 보호법은 이를 원칙적으로 금지했다. 불가피하게 차단하려면, 사유를 사전에 공지하고 정당한 경우에 한하며, 그마저도 신속히 해제하도록 의무화했다.

또한, 가상자산의 신규 발행 등 중요 정보에 대한 공시 간주 규정을 도입했다. 이는 기존 주식시장과 가상자산 시장 간의 구조적 차이를 반영한 현실적 조치다. 예를 들어, 주식시장의 경우 중요 정보가 공시된 후 30분이 지나야 내부자 거래 금지 규정이 적용되는 등, 명확한 시간 기준이 법에 의해 정해져 있다. 하지만 가상자산 시장은 24시간 글로벌하게 운영되어 동일한 기준을 적용하기 어렵다. 따라서 거래소 공지 후 일정 시간이 경과하면 해당 정보가 공개된 것으로 간주하는 방식으로 가상자산 시장의 특성을 고려한 현실적인 제도적 장치를 마련한 것이다.

제재와 감시: 불공정거래에 대한 강력 대응

가상자산의 불공정거래 행위에 대하여 위반 시 제재를 강화했다. 불공정거래나 자산 유용으로 얻은 이익의 2배 이상 과징금을 부과하거나, 고의적 중대 위반은 형사처벌을 내릴 수 있다. 실효성을 높이기 위해 벌칙 수위를 높인 것이다. 구체적으로, 가상자산 이용자 보호법은 시세조종, 내부자 거래, 허위 풍문 유포 등 전형적인 불공정 행위의 금지를 명확히 명시하고 있다. 이는 증권시장처럼 가상자산 시장도 엄격히 다루겠다는 정책적 의지를 드러낸다.

또한 거래소(가상자산 사업자)에게는 상시 모니터링 의무가 부여됐다. 거래소는 이용자들의 거래 패턴을 평소에도 지속적으로 점검해야 하며, 이상 거래나 시세조종이 의심되는 정황이 포착되면 즉시 금융당국에 보고해야 한다. 거래 기록 보존 기간도 기존 5년에서 15년으로 크게 늘었다. 이로써 거래소는 단기적인 책임을 넘어서 장기적인 정보 보관 의무까지 지게 된다. 나중에라도 조사가 필요해질 경우, 10년 후에야 문제가 드러나더라도 증거를 확보할 수 있게 하겠다는 강력한 의지다.

이처럼 이용자 보호법으로 자산 보관 안전장치, 공정거래, 정보 공시 등 기본 틀이 잡혔다. 물론, 법 시행 후 집행 과정에서 다듬어야 할 부분도 있을 것이다.

투자자가 꼭 알아야 할 정보, 뭐가 있을까?

이번에는 소비자 관점에서 살펴보자. 가상자산 이용자 보호에서 자주 간과되는 부분 중 하나가 바로 정보 비대칭 해소다. 전통 금융에서는 투자 설명서, 전자공시, 예금자 보호 문구 등 정보 제공 의무가 제도적으로 잘 정착되어 있다. 가상자산 시장도 이제 비슷한 방향으로 움직이고 있다. 아직 완전히 정비되었다고 보기는 어렵지만, 제도화 초기 단계에서부터 정보의 공개와 전달 방식이 중요하다는 인식이 확산되고 있다. 소비자(이용자)가 스스로 챙겨야 할 정보와 권리를 정리하면 다음과 같다.

발행·상환 통계: 스테이블코인 이용자라면, 그 코인의 일일 발행량·상환량 같은 통계를 눈여겨보자. 1일 내 유통량의 몇 %가 환매되고 있는지(당일 상환율) 등을 보면 런(대량 환매) 징후를 파악할 수 있다. 가상자산 이용자 보호법은 추후 추가 입법 과정에서 발행사에게 이런 통계 공시를 의무화하도록 할 수 있다.

준비금 확인: 스테이블코인 발행사는 준비금 현황을 공개해야 하고, 감독 당국도 가이드라인을 낼 수 있다. 이용자는 준비금의 구성(현금이나 채권), 잔존 만기 등을 반드시 확인하는 습관을 가져야 한다. 그래야 어떤 스테이블코인이 더 안전한지 비교도 되고, 위험 징후도 빠르게 캐치한다.

스테이블코인의 모든 것

보유자 분포: 특정 코인의 지분이 몇몇에 과대 집중되면 위험하다. 큰손 투자자가 한꺼번에 팔아치우면 시장 충격이 크기 때문이다. 이런 맥락에서 발행사들이나 거래소가 상위 보유 비중 등을 공시할 필요가 있다. 소비자도 가능하면 그 데이터를 보고, 너무 편중된 건 피하거나 조심해야 한다.

체인별 유통량: 스테이블코인이 여러 블록체인에 걸쳐 유통될 경우, 어느 체인에 얼마나 있는지도 중요하다. 한 체인에 상당수 코인이 몰렸을 때, 그 체인에 장애가 발생하는 등의 다양한 리스크를 파악해야 한다. 발행사가 알려주지 않아도 소비자는 온체인 데이터로 대략 파악할 수 있다. 이 역시 추후 공시 의무화될 수 있다.

페그 이탈/출금 지연 공지: 사용자는 자신이 이용하는 거래소나 스테이블코인 발행사가 최근 출금 중단이나 지연 공지를 낸 적이 있는지, 페깅이 일시적으로라도 깨진 이력이 있는지를 반드시 확인해야 한다. 이용자는 그와 같은 이력이 반복적으로 있었는지, 시장 반응은 어땠는지도 함께 살펴보는 것이 좋다.

결국 소비자는 스테이블코인 이용 시 내 돈이 안전한지 여부를 기준으로 판단할 것이다. 우리나라의 가상자산과 스테이블코인 법과 제도 역시 이런 방향에 초점이 맞춰져 있다.

가상자산 사업자도 규제 대상이 된다

가상자산 이용자 보호법이 2024년 시행으로 1단계 틀을 잡았다면, 향후 정책의 2단계 과제는 일종의 규율을 정하는 것이다. 즉, 기존 금융(결제·자본시장 등)과 어우러질 수 있는 규칙을 정교하게 다듬는 것이다.

사업자에 대해서는 가상자산의 거래, 발행, 보관, 자문, 평가업 등 각기 다른 사업 유형에 맞는 진입 요건과 영업 행위 규제가 마련될 것이다. 또한 스테이블코인의 규제 체계와 더불어, 투자자 보호를 위한 상장 기준과 공시 제도도 한층 투명하게 정비될 필요가 있다.

국회에서 준비 중인 추가 법안들

가상자산 이용자 보호법에 이어, 2025년 6월 '디지털자산기본법안' 등의 발의됨에 따라 기존 디지털자산의 규제 체계를 정비하는 건 물론, 스테이블코인의 정의와 법적 지위, 발행인 자격과 의무, 이용자 보호 등 스테이블코인 역시 제도화되고 있다.

2025년 9월 현재 더불어민주당의 민병덕 의원과 강준현 의원(예정), 국민의힘의 안도걸 의원과 김은혜 의원이 각각 스테이블코인의 제도적 기반을 위한 법안을 발의한 상황이다. 정리하면 다음 장에 있는 표와 같다.

구분 (발의일)	민병덕 의원 대표 발의안	강준현 의원 발의안(2025년 10 월 이후 발의 예정)	안도걸 의원 발의안	김은혜 의원 발의안
법률명	디지털자산기본법	디지털자산시장의 혁신과 성장을 위한 법률(디지털 자산 혁신법)	디지털 지급결제수단 (원화) 기반 스테이블 코인 발행과 운영에 관한 법률 (특별법 형태 논의 중)	가치고정형 디지털자산 지급 혁신 법률안
특징	스테이블코인을 포함한 디지털자산 전반을 아우르는 통합법적 성격	민병덕 의원 대표 법안 보완 성격	디지털자산기본법과 연계, 원화 스테이블 코인만 별도 규율하 는 특별법적 성격	혁신 중심, 지급 수단 활용
디지털 자산 산업 유형	9개 업권 구분 및 진입규제(인가·등 록·신고)	9개 업권 구분 및 진입규제(인가·등 록·신고)	자본금 요건 및 원화 스테이블코인 발행 가능 요건 신설 논의	ICO 허용 포함
규율 주체	대통령 직속 디지털 자산위원회 신설	금융위원회 산하 디지털자산위원회 설치	기획재정부(원화 담당), 한국은행(통화 담당), 금융위원회 (감독담당) 참여하는 범부처 협력 체계	금융위원회 (예상)
스테이블 코인 적용 범위	외국 발행 등에 관한 적용 배제	국내 발행 모든 가치안정형 디지털 자산+해외 발행된 원화 연동 등 가치 안정형 디지털자산	자본금 요건 등을 명확히 한 스테이블 코인 발행·운영 절차 규정	원화연동 가치 고정형
스테이블 코인 발행 요건	인가제, 자기자본 5억 원 이상, 타당·적절한 환불 방법 및 환불준비 금 계획 등 8개 요건	인가제, 자기자본 10억 원 이상, 분산형 중기도입 대비 환불 기준 등 12개 요건	담보자산 요건, 유동 성 높은 자산(원화 예금, 국채 등)으 로 구성, 발행액의 100% 이상 보유	발행업 인가 요건 강화 / 준비자산 연동 시 국내 통화(원 화)로도 100% 이상 보유 가능
스테이블 코인 발행인 의무	발행보고서 제출 제도, 자본준비금 등 재무건전성 유 지, 도산 절연 조치 마련 의무 등	백서 등 공식 의무, 3개월 이상 감사보고서 의무, 준비자산 구성· 운영 의무	담보자산 유지 및 발행액 100% 이상 보유 의무	준비자산 투명 성 확보
한국은행 권한	필요시, 자료제출 요구 및 금감원 검사 요구권	평상시, 자료제출 요구 및 금감원 검사 요구권, 긴급 시 금융위에 의견 표명	기재부·한은·금융위 간 협의체를 통한 정 책관리권 구상	통화신용정책 위해 발행인에 자료 제출 가능

투자자 보호	적합한 환불준비금, 심사·암호(가명 포함) 금지, 대통령령으로 정하는 경우 예외	투명한 방법 및 주기적 공시, 스테이블코인 보유자 보호 장치 마련	투자자 손실보전 장치 명문화 논의	이용자 보호 중점
기타	운영실세, 금융위 긴급조치 권한 가능	금융위 지정 전문기관 디지털자산 상환운용의 표준 마련 의무	통합관리 초안 마련 단계, 범위와 관리방안 미정	

표 3-1 · 한국 22대 국회 발의된(2025년 9월 현재 예정 포함) 디지털 자산 및 스테이블코인 관련 법률(안) 주요 내용[2]

스테이블코인의 모든 것

왜 원화 스테이블코인이
지금 필요한가?

'달러 스테이블코인(USDT, USDC 등)도 많은데, 굳이 원화 스테이블코인이 필요한가?' 많은 이들이 갖는 궁금증이다. 물론 원화 스테이블코인에 대한 반대 의견도 존재한다. 해외 스테이블코인이 이미 충분히 활용되는 상황에서 굳이 새로운 발행이 필요한지, 또 금융 시스템 안정성에 어떤 영향을 미칠지에 대한 우려가 함께 제기되기 때문이다.

그러나 이에 대한 답은 단순히 선택의 문제가 아니다. 원화 스테이블코인이 필요한 이유는 크게 세 가지 측면에서 생각할 수 있다. ① 국내 결제 및 정산 혁신, ② 소액 해외 거래 마찰 감소, ③ 온체인 자본시장의 결제 기반 마련, 이렇게 세 가지를 동시에 달성할 수 있는 기회이기 때문이다.

찬성	반대
가상자산 산업 육성 근간	투자자 수요 불확실
국가 간 결제·송금 용이	결제·송금·해킹 등 사고 가능성
통화 주권 강화	정부 관리·감독 어려움

표 3-2 · 원화 스테이블코인 도입을 둘러싼 찬반 의견

장점	내용
빠른 속도와 저렴한 수수료	국경 간 결제에서 환율 변동 위험과 비용을 크게 줄일 수 있음
중개 기관 개입 축소	은행을 거치지 않고도 대출·예치·투자가 가능한 탈중앙화 금융 전통 금융 대비 예치 수익률은 높이고 대출 이자율은 낮출 수 있음
K콘텐츠 활성화	웹3 시대에 게임 아이템 구매, K팝 상품 거래 등 다양한 결제 수단으로 활용 가능
스마트 컨트랙트	정해진 조건이 충족되면 계약이 자동 실행되는 구조라 사람이나 기관이 직접 확인·처리할 필요가 없음
통화 주권 확보	해외 스테이블코인 발행 시 통화량이 중앙은행 통제 밖으로 유출될 수 있는 위험을 줄이고, 원화 시장 변동성도 완화

표 3-3 · 원화 스테이블코인 도입의 장점

국내 결제 시스템의 업그레이드

먼저, 국내 결제·정산의 즉시성이다. 한국은 전자금융이 발달해 있지만, 24/7 즉시 결제는 아직 제한적이다. 은행 송금은 빨라도 점검 시간 등에는 제한이 있고, 카드 결제 매출은 통상 이틀 내 정산되는 것이 보편적이다.

그러나 원화 스테이블코인이 도입되면, 토큰 전송만으로 주말이나 밤에도 바로 돈을 주고받을 수 있다. 가맹점과 협력사 대금이 밤에도 돌기 시작하면, 앞에서 본 사례들처럼 소상공인이 새벽 주문을 더 쉽

게 하고, 중소기업은 월말 자금 경색을 완화할 수 있다. 실시간 급여 지급이나 정부 지원금 정산도 가능하다.

소액 해외 결제의 효율화

두 번째, 역직구·소액 수출입 거래 비용 감소다. 요즘 1인 크리에이터가 해외 플랫폼에서 소액 수익을 정산받거나, 중소기업이 부품을 조금씩 수출입하는 일도 흔하다. 이런 거래에는 일반적으로 중개은행과 환전 과정이 낀다. 외국인이 카드로 결제한다면 달러에서 원화로 환전할 때 수수료가 붙는다. 원화 스테이블코인을 해외에서도 쓸 수 있게 하면 이런 거래 비용을 줄일 수 있다.

예를 들어, 일본 소비자가 원화 토큰을 미리 사서 한국 쇼핑몰에 바로 결제하면, 국경을 넘는 건 블록체인 전송뿐이니 수수료는 낮고 속도는 빠르다. 또한 한국 크리에이터가 미국 플랫폼에서 수익을 원화 토큰으로 정산받는다면, 매번 환전하지 않고 온체인에서 바로 원화로 받을 수 있다. 광고비, 구독료, 로열티 등 작은 금액이 자주 오가는 생태계에선 수수료와 시간 절감 효과가 크다.

자본시장과 공공정책의 연결고리

세 번째, 온체인 자본시장의 결제 기반화다. 요즘 실물자산 토큰화,

혹은 토큰증권ST 이야기가 나오고 있다. 한마디로 부동산, 국채, 펀드 지분 등을 블록체인에 올려 거래하면 효율적이라는 거다. 그런데 여기에 결정적으로 필요한 게 원화 결제 경로이다. 현재 증권시장도 원화로 결제되는데, 블록체인처럼 온체인에서 움직이는 자산을 다시 오프체인 원화로 정산하려면 복잡해진다. 차라리 원화 자체가 온체인 토큰으로 존재한다면 이들과 바로 교환^{DvP}이 가능하다. 국채 토큰을 주고 원화 토큰을 받는 식으로, 블록체인상에서 한 번에 결제가 끝나는 구조다. 다시 말해 온체인 금융시장을 활성화하려면, 법정화폐에 해당하는 원화 토큰이 필요하다는 뜻이다.

공공 지출 분야에도 활용할 수 있다. 이를테면 지방세 환급금, 복지 바우처, 교육 보조금 등을 원화 토큰으로 지급하면, 돈이 어디에 쓰였는지 투명해지고 부정 수급을 줄일 수 있다. 지역화폐를 토큰으로 만들어 지역 경제 활성화에 쓰는 방안도 있다. 과거 몇몇 지자체가 블록체인 기반 지역화폐를 시범 운영한 사례가 있다.

원화스테이블 코인의 잠재력

원화 스테이블코인은 국내 결제 혁신과 글로벌 경쟁력, 더 나아가 미래 금융 인프라 측면에서 매력적이다. 특히 한국처럼 디지털·모바일 뱅킹이 일상화된 나라에서 디지털 원화 도입은 자연스러운 흐름이라 할 수 있다. 다만 실제로 원화 스테이블코인을 운용하기 위해서는 거시경제와 법적 측면의 리스크 대응이 중요하다. 외환과 거시 건전성 리스크, 자금세탁 및 테러자금방지 대책을 미리 세워야 한다.

원화 스테이블코인, 비금융 기업도 발행할 수 있을까?

원화 스테이블코인은 발행 주체에 따라 비즈니스 모델이 달라진다. 대표적으로 은행 식섭 발행, 비은행(핀테크 등) 발행, 컨소시엄 발행 등이 있다. 각 모델은 안정성과 혁신 속도 사이에 일정한 상충 관계가 존재한다.

먼저, 은행 우선 모델이다. 이 모델은 은행들이 예금 기반으로 원화 토큰을 발행하는 구조다. 이때는 예금자 보호가 적용되며, 한국은행의 통제 하에 있어 시스템 안정성이 높다. 유동성 관리에도 은행들은 익숙하기 때문에 뱅크런 위험에 잘 대응할 수 있다. 다만, 은행은 규제가 많고 조직이 신중하게 움직이는 특성이 있어 출시와 확산 속도는 상대적으로 느릴 수 있다. 또한, 내부 조직 구조나 전통 금융 상품 간 상충 가능성도 있어 보수적으로 운영될 여지가 있다.

다음은 비은행 병행 모델이다. 핀테크나 전자금융업자 등 비은행 사업자에게도 원화 토큰 발행 기회를 제공하는 방식이다. 다양한 사업 주체가 경쟁에 참여하면 UX 혁신과 서비스 다양화가 촉진될 수 있고, 스타트업식 발상으로 새로운 기능도 실험될 수 있다. 다만, 일부 사업자는 통제 범위 밖에서 돈을 찍어낼 수 있는 구조가 될 수 있기 때문에 외환·거시 측면에서 리스크 관리가 어려울 수 있다. 또한 예금자 보호 등 소비자 보호 장치가 취약할 수 있어 별도의 규제가 필요하다.

이어 컨소시엄 모델이다. 은행, 핀테크, 카드사 등 여러 기관이 함께 참여해 합작법인 형태로 토큰을 발행하는 구조다. 이론적으로는 은행의 신뢰성과 핀테크의 혁신성을 결합할 수 있다. 예를 들어 시중은행과 카카오, 네이버 같은 플랫폼 기업, 주요 핀테크 기업들이 공동 출자해 발행사를 만드는 방식이다. 다수 기관이 분산해서 스테이블코인을 운용하면 특정 기업의 문제가 전체 사업을 흔들 가능성은 낮아진다. 그러나 여러 기관이 함께 참여하는 만큼 의사결정이 느려지고, 책임 소재가 복잡해질 수 있으며, 진행 속도가 떨어질 가능성도 있다. 수익 배분 문제도 추후 갈등 요소가 될 수 있다.

현실적인 경로는 '은행 우선 도입 후, 일정 조건 충족 시 비은행도 단계적 허용'이 유력해 보인다. 처음부터 비은행 기업에 스테이블코인 발행을 허용하면 리스크가 크기 때문에, 몇몇 은행이 먼저 시범 운영을 하고, 성과 데이터를 바탕으로 기준을 충족하는 비은행 주체에게도 문호를 여는 방식이다. 이는 유럽의 MiCA 법안 이후 기업 참여 사례를 참고할 수 있을 것이다.

PART 4

스테이블코인을
향한 질문들

스테이블코인,
정말 '안정적'일까?

스테이블코인도 리스크는 있다. 대표적인 것이 디페깅 리스크와 런 리스크다.

먼저, 디페깅은 가격이 다소 '어긋나는' 현상을 말한다. 스테이블코인은 일반적으로 1달러에 연동되는 것을 전제로 하지만, 어떤 날은 거래소 화면에 0.98달러처럼 표시되기도 한다. 즉, 약속된 가치와 실제 거래되는 시장 가격이 서로 다른 것이다.

반면 런 리스크는, 다수의 보유자가 동시에 환불을 요구하는 상황이다. 많은 이용자가 액면가 상환을 한꺼번에 요청하면, 발행자는 준비자산을 급하게 팔아야 한다. 이 과정에서 자산을 시장가보다 낮은 가격에 처분하게 되면, 스테이블코인의 가치를 모든 보유자에게 동일하게 보장하기 어려워진다. 결국 이런 불안은 뱅크런과 유사한 공황 상황으로 이어질 수 있다.

디페깅을 줄이면 런이 커지고, 런을 줄이면 디페깅이 커진다

디페깅 리스크와 런 리스크를 축소시키려는 노력은 상충관계가 있다. 디페깅에서 발생한 가격 차이에 대한 차익거래가 활발할수록 2차 시장의 가격 이탈(디페깅)은 빨리 줄어들 수 있다. 하지만 이때 2차 시장의 충격이 1차 시장(발행·상환)으로 빠르게 전달되어, 런 리스크는 오히려 커질 수 있다. 반대로 차익거래가 미진하면, 2차 시장에서는 가격이 크게 출렁이며 디페깅 리스크는 커지지만, 상환 압력이 발행사로 몰리지 않기 때문에 런 리스크는 상대적으로 낮아진다. 결국 스테이블코인 관련 정책은 이 두 리스크 사이의 균형점을 의식해 설계해야 한다.

앞서 언급하였듯이 스테이블코인은 법정통화 가치에 고정되도록 설계된다. 예금, 단기국채, 회사채와 같이, 준비자산을 담보로 하는 것이 일반적이다. 시장은 1차 시장(발행사가 등록된 일부 기관 투자자에 액면가로 발행·상환)과 2차 시장(일반 보유자 간 거래)로 나뉜다. 스테이블코인 가격이 1달러 아래로 떨어지면, 차익거래자는 2차 시장에서 매수한 뒤 발행사에 1달러로 상환해 차익을 얻는다. 반대로 1달러보다 높으면, 1차 시장에서 새로 발행받아 2차 시장에 팔아 차익을 챙긴다. 이처럼 차익거래의 고리가 디페깅을 완화하는 역할을 한다.

이론적으로 보면, 스테이블코인 가치에 대한 기대가 어떤 임계선 아래로 떨어지는 순간, 보유자들은 거래소 등 2차 시장에 대거 매도에 나선다. 이때 차익거래가 원활하지 않으면(참여자가 적거나 거래 비용이 높으면), 해당 물량은 2차 시장 내부에서 가격 하락으로 흡수되어 가격 괴리가 커진다. 하지만 발행사에 대한 상환 압력은 약해진다. 반대로 차익거래가 잘 작동하면, 2차 시장의 매도는 곧바로 1차 시장의 상환 요구로 연결된다. 그만큼 가격 괴리는 빠르게 줄어들지만, 발행자의 유동성 부담은 커진다. 상환 요청이 한꺼번에 몰리면 발행사는 준비 자산을 급히 처분해야 하며, 이 과정에서 단기 금융시장 등으로 충격이 전이될 수 있다.

차익거래와 준비자산, 가격 안정의 숨은 열쇠

실제 2차 시장에서 스테이블코인의 가격은 대체로 1달러에서 약간씩 벗어난다. 최근 연구에 따르면 그 괴리 정도는 코인마다 다르게 나타난다. 예를 들어, USDT는 평균 약 54bp의 가격 괴리를 보이는 반면, USDC는 1bp 수준으로 훨씬 작다. 차익거래 주체의 분산도에서도 차이가 난다. 월평균 차익거래자 수는 USDT가 6개, USDC는 521개로 관찰된다. 준비자산 구성도 다르다. USDC는 고유동성 자산 비중이 거의 100%에 달하지만, USDT는 상대적으로 비유동성 자산 비중이 높다.[1] 이 사실은 차익거래자의 수와 준비자산의 유동성 구성이 가격 안정성과 런 취약성에 영향을 미친다는 점을 시사한다.

결국, 발행자의 유인이 준비자산의 유동성에 반영되어 있는 것이다. 준비자산이 비유동적일수록 발행자는 비효율적 차익거래를 선호할 수밖에 없다. 이를테면 소수에게만 1차 시장 접근을 허용하고, 2차 시장에서 일정 수준의 가격 변동을 허용하는 것이다. 이렇게 하는 것이 런 리스크를 완화하기 때문이다. 한 보고서는 USDT가 USDC에 비해 차익거래자 수가 적고 준비자산의 유동성이 낮다는 사실을 근거로, 발행자의 선택과 그 결과가 일관된다는 해석을 내놓았다.[2] 차익거래 효율성에 따라 디페깅과 런 리스크가 반대 방향으로 움직이는 상충관계가 존재한다는 것이다.

역사 속 민간 화폐가 남긴 교훈

정책적 시사점은 크게 세 가지다. 첫째, 직접 상환의 대상을 기관 투자자에서 일반 투자자까지 넓히는 방향이다. 누구든 보유자가 발행사에 직접 1:1 상환을 청구할 수 있게 하면, 거래소 가격이 흔들리더라도 바로 교정되어 디페깅이 크게 줄어든다. 다만 상환 창구가 넓어질수록 불안이 번질 때 상환 대열이 길어지는, 이른바 '런 리스크'는 불가피하게 커질 수 있다. 유럽의 MiCA나 미국의 지니어스법이 대체로 이러한 기조를 강화하는 흐름이다.

둘째, 준비자산의 질을 끌어올리는 규제가 필요하다. 이는 런 리스크를 축소할 수 있기 때문이다. 준비금을 현금, 은행 예금, 단기 국채 등 고유동성·저위험 자산으로 제한하면, 상환 요구가 몰릴 때도 급매

스테이블코인의 모든 것

를 줄이고 버틸 수 있어 안정성이 높아진다. 최근 미국, EU, 영국 모두 이 범위를 좁히는 추세다. 스테이블코인 발행사에 유동성이 높은 자산을 보유하도록 유도해, 위기 시에도 상환 여력을 확보하게 하려는 것이다.

셋째, 준비자산에서 발생하는 이익을 보유자에게 일부 돌려주는 설계를 검토할 수 있다. 보유자가 이자 있는 코인을 가지게 되면 보다 오랜 기간 보유할 수요가 보다 늘어나며 이에 따라 가격 안정성이 커지게 된다. 다만 이 경우 스테이블코인이 증권성 판단에 휘말릴 가능성과 과도한 금리 경쟁의 부작용이 뒤따를 수 있으므로, 적용 범위와 방식에 대한 추가 연구와 안전장치가 전제되어야 하는 상황이다. 더 많은 수익을 주는 코인 쪽으로 수요가 몰릴 수가 있기 때문이며, 이러한 많은 수익을 주기 위해 스테이블코인 발행자가 준비자산의 안정성 대신 수익성을 택할 수 있기 때문이다.

디페깅 리스크와 런 리스크의 상충관계는 스테이블코인만의 문제가 아니다. 이는 역사 속 민간 화폐가 공통적으로 겪어온 딜레마다. 과거 미국 자유은행 시대(1837~1863)를 보자. 당시 1,000종이 넘는 은행권이 발행되었고, 은행권은 토큰(지폐) 형태라 소지자가 곧 소유자였기에 유통시장에서 손쉽게 거래되었다. 그 결과 은행 창구에 직접 가서 태환兌換을 요구하는 런 리스크는 상대적으로 낮아졌지만, 먼 지역의 은행권일수록 태환 비용이 커져 시장에서 할인(디스카운트) 거래가 빈번했다. 즉 유통시장이 리스크를 낮추는 대신 '액면가 = 가치'

라는 약속이 자주 어긋나며 디페깅 리스크가 커진 것이다.

반대로, 예금을 기반으로 하는 은행 제도는 런 리스크를 키운다. 예금은 계좌 기반 화폐이기 때문에, 계좌 및 계좌주 인증이 전제된다. 이로 인해 2차 유통 시장이 성립하기 어렵다. 시장에서 가격이 따로 형성되지 않으니 디페깅 리스크는 사실상 사라지지만, 불안이 커지면 예금주가 발행자인 은행에 직접 상환을 요구하는 런 리스크가 증폭된다. 이러한 민간 화폐의 약점을 공적 보증으로 보완한 장치가 바로 예금보험제도다. 스테이블코인이 예금화된다면, 예금자 보호라는 제도적 영역 안으로 들어와야 한다는 논의 역시 활발하다.

정책 해법, 무엇을 보완해야 할까?

이러한 관점에서 스테이블코인을 바라보면, 정책 방향이 보다 명확해진다. 스테이블코인이 지급 수단으로 쓰이려면 디페깅 리스크는 최소화되어야 한다. 이를 위해서는 이용자 누구나 발행자에게 1:1 직접 상환을 요청할 수 있도록, 상환 창구를 넓혀야 한다. 그러나 이렇게 하면 런 리스크가 커질 수 있으므로, 상환을 열되 그에 따른 위험을 통제할 안전장치도 함께 설계해야 한다. 이를 위해서는 다음과 같은 정책 설계가 필요하다.

첫째, 준비자산을 현금·예금·단기 국채 같은 고유동성·저위험 자산으로 엄격히 제한해, 상환 쏠림이 발생하더라도 급매를 피할 수 있

스테이블코인의 모든 것

도록 해야 한다. 둘째, 현행 예금보험과 유사한 공적 지급보증 등 '신뢰 장치'를 도입해, 시장 패닉 시에도 신뢰 붕괴를 막아야 한다. 셋째, 신용위험은 낮지만 만기가 긴 자산 보유를 허용하는 경우, 중앙은행이나 공적 기구의 유동성 지원 창구를 함께 설계해야 한다.

정리하면, 디페깅 리스크를 줄이기 위해 '상환을 열고', 런 리스크를 막기 위해 '준비·보증·유동성'을 갖추는 것이 중요하다. 이는 그동안 민간 화폐 체계가 반복적으로 겪어온 문제를 극복하기 위한 핵심 해법이기도 하다.

스테이블코인과
금융시장 범죄

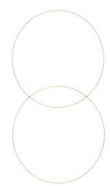

스테이블코인은 미국 달러나 유로 같은 법정화폐에 가치를 연동해 가격 변동성을 줄인 가상자산이다. 디지털 현금처럼 누구나 안정적으로 거래하고 가치를 저장할 수 있는 수단으로 주목받고 있다. 하지만 현실에서의 활용은 이와 다소 다르다. 일상적인 지불 수단보다는, 대부분 가상자산 투자자들이 거래소에서 코인을 사고팔기 위한 교환 수단으로 사용된다. 또 일부는 자금 세탁이나 사기 같은 불법 금융 활동에 악용되기도 한다.

최근 국제결제은행 신현송 경제보좌관은 스테이블코인이 화폐로서 갖는 한계에 대해 언급했다. 그는 "스테이블코인은 화폐의 단일 가치에 대한 사회적 공통 인식을 기반으로 경제활동을 뒷받침한다는 통화 제도의 원칙에 위배된다"라며, "기술이 발전해도 경제가 원활히 작동하기 위해서는 화폐에 대한 신뢰가 여전히 핵심"이라고 강조했다.[3] 다시 말해, 스테이블코인이 진정한 화폐 역할을 하기에는 아직 부족한 점이 많다는 의미다.

범죄 통계에서 비트코인을 넘어선 주인공

스테이블코인의 현실을 가장 뚜렷하게 보여주는 것은 범죄에서의 악용 사례 급증이다. 블록체인 분석기업 체이널리시스[Chainalysis]가 발표한 〈2025년 암호화폐 범죄 보고서〉에 따르면, 이미 2022년에 스테이블코인을 이용한 범죄 규모가 비트코인을 앞질렀다. 현재 암호자산 범죄의 약 63%가 스테이블코인과 연루되어 있다고 한다.[4] 스테이블코인이 가상자산 범죄 생태계의 중심으로 자리 잡았다는 의미다.

발행시들도 불법 시용 징후기 드러난 지갑 주소를 동결하는 등 대응에 나서고 있다. 예를 들어, 최대 스테이블코인인 테더는 사기, 테러 자금, 제재 회피에 연루된 지갑을 동결했다. 이는 범죄자가 스테이블코인을 악용하기 어렵게 만들려는 조치다. 그러나 스테이블코인은 감독 당국이 확인하기 어려운 특성 때문에 여전히 불법 자금 거래의 주요 통로로 쓰이며 우려를 낳고 있다.

안정성과 익명성, 범죄자들이 노리는 특성

스테이블코인이 범죄자들에게 사기 수단으로 떠오른 데에는 본질적 특징들이 중요한 역할을 한다. 우선, 스테이블코인은 가격이 안정적이다. 가치가 1달러에 고정되어 있어 범죄자들은 비트코인처럼 변동성이 큰 자산보다 안전하게 자금 가치를 보존할 수 있다. 피해자 입장에서도 '가격이 출렁이지 않는 안정적인 코인'이라는 말에 현혹되어 투자나 송금을 쉽게 하게 된다. 달러 현금과 유사한 신뢰감이 거꾸로 악용되는 셈이다.

스테이블코인은 또한 신속한 거래가 가능하다. 블록체인 위에서 24시간 글로벌 송금이 가능하기 때문에 돈세탁이나 탈취 자금을 순식간에 해외로 옮기는 데 쓰인다. 기존 금융망을 거치면 시간과 확인 절차가 필요하지만, 스테이블코인은 몇 분 만에 국경을 넘어 자금이 흘러가므로 범죄 수익을 재빨리 은닉하는 수단이 된다.

더욱이 익명성은 사기적 성격을 강화한다. 거래 내역은 공개되지만 사용자 신원은 드러나지 않는 블록체인 지갑 특성상, 범죄자들은 신분을 숨긴 채 거액을 이체할 수 있다. 개인 지갑만 있으면 누구나 거래할 수 있고, 별도의 실명 확인 절차 없이도 자유롭게 자금을 주고받는다. 익명성은 당국의 자금 추적을 어렵게 만드는 요인이다.

글로벌 송금이 가능하다는 점과 익명이 보장된다는 점은 기존에 범죄 거래에 자주 쓰였던 비트코인과 유사하다. 그러나 가격 변동성이 큰 비트코인과 달리 스테이블코인은 1달러의 가치를 항상 유지하며 언제든 환금할 수 있다. 안정적이라는 특성은 범죄에 사용되기에 오히려 커다란 장점이 된다.

게다가 많은 스테이블코인 거래가 장외시장이나 P2P에서 이뤄져 공식 규제망을 피해 간다. 예를 들어, 중국 등 일부 국가에서는 일반 거래소가 불법이어서 개인 간 테더 매매가 성행한다. 이런 비공식 시장에서는 거래 내역을 파악하거나 자금세탁 방지 규제를 적용하기 어려워 범죄에 악용되기 쉽다. 국제경제은행의 신현송 경제보좌관도 "외환거래법 같은 제도가 있어도 불법 스테이블코인 거래를 차단하기엔 역부족"이라며, "수십억 건에 달하는 소액 거래를 일일이 감시하는 것은 사실상 불가능하다"라고 말했다.[5] 의심 지갑을 동결해도 새로운 지갑과 경로로 자금이 흘러가 완벽한 차단은 어렵다는 의미다.

다시 말해, 값은 달러처럼 안정적이고, 송금은 빠르며, 이용자는 익명에 가깝고, 규제를 피할 수 있다는 사실이 결합해 스테이블코인이 사기범들에게 편리한 '범죄 통화'로 악용되고 있다.

투자 사기에서 불법 송금까지, 퍼져가는 위험

이런 가운데 금융자산을 투자하는 수단으로써 스테이블코인은 각종 코인 사기와 연결되어 있다. 실제로 스테이블코인 관련 사기 피해가 늘어나자 각국 금융 당국도 잇따라 경고와 단속을 내놓고 있다. 2025년 7월 중국에서는 베이징, 선전, 쑤저우, 충칭 등 주요 도시의 금융 당국이 스테이블코인 투자 사기에 대한 경보를 발령했다. 이들 당국은 경고문에서 '일일 고수익을 보장한다며 투자자를 유혹하는 불법 금융 활동이 금융 질서에 심각한 위험을 초래한다'라고 강조하며, 특히 USDT 같은 스테이블코인 명칭을 앞세운 고수익 보장 투자 사기가 퍼지고 있다고 밝혔다.[6]

또한 명확히 범죄라고 단정하긴 어렵지만, 불법 외환 송금의 우회 채널로 쓰일 수 있다는 문제도 있다. 한국의 외환기래법은 엄격해 송금에 대해 사전과 사후 관리를 철저히 한다. 그러나 외화 스테이블코인은 이러한 외환거래법의 관리망에서 벗어나기 쉽다. 익명성 자체가 스테이블코인이 기반한 블록체인 기술의 본질이기 때문이다. 안정된 디지털 달러가 역으로 국내 자금이 해외로 빠져나가는 통로가 될 수 있는 셈이다.

규제 없이는 위험하다는 국제기구의 일침

국제기구와 전문가들은 스테이블코인의 잠재적 위험을 완화하고 안정성을 높이기 위해 다양한 제도적·기술적 보완책을 제안하고 있다. 핵심은 전통 금융에서 은행이나 머니마켓펀드에 적용되는 안정 장치를 스테이블코인에도 도입하자는 것이다. 실제로 2025년 6월 국제결제은행은 연례보고서에서 '규제 없이 방치된 스테이블코인은 건전한 화폐로서의 자격을 충족하지 못하며 금융 안정을 해칠 수 있다'라고 경고하며, 각국 정부가 적절한 감독과 규율을 서둘러 마련해야 한다고 촉구했다.[7]

스테이블코인도 은행처럼? 발행사에 쏟아지는 규제 압박

이 같은 배경에서 각국 입법자들과 규제 당국은 스테이블코인 발행사에 대한 규제 프레임워크를 속속 마련하고 있다. 앞서 언급한 미국의 지니어스법과 EU의 MiCA법은 그 대표적 사례로, 스테이블코인 운영에 자본 요건, 유동성 요건, 투명성 요건 등을 강하게 부과했다. 핵심은 스테이블코인이 내세우는 '항상 1달러로 교환해 주겠다'라는 약속을 실제로 지켜내려면, 발행사를 은행처럼 엄격히 규제하거나 준비금 운용에 대한 강제적 규정을 두어야 한다는 논리다.

IMF 역시 스테이블코인 준비자산에 대해서 엄격한 유동성 기준(고품질 자산 위주 보유)과 만기 변동성 관리 등 건전성 규제Prudential regulation를 적용해 만기 미스매칭의 문제를 줄여야 한다고 권고한다.[8] 즉, 요구불예금처럼 빠른 런 사태가 발생할 수 있기 때문에 되도록 짧은 만기로 리저브를 보유하라는 것이다. 해외 기관들은 이용자 보호 측면에서도 다양한 조치를 요구하고 있다. 발행사에 적시 공시 및 회계감사 의무를 부과하고, 준비자산을 발행사 자산과 분리해 제3의 수탁기관에 보관하도록 하는 방안이 대표적이다.

또한 준비금을 중앙은행에 예치하거나 예금자 보험 적용을 검토하자는 제안도 나온다. 이는 만약을 대비해 '최종 대부자lender of last resort'로서 중앙은행이 안전망을 제공하자는 구상이다. 다만 이러한 방식은 스테이블코인 발행사가 사실상 은행 역할을 수행하게 만든다. 그래서 '결국 스테이블코인이 대체하려 했던 은행의 모습으로 스스로 변모하게 될 것'이라는 시각도 존재한다.

실시간 감시 시스템으로 '페그 붕괴' 막는다

기술적인 보완책으로는 실시간 투명성 강화와 결제 인프라 개선이 있다. 몇몇 스테이블코인 프로젝트는 블록체인 기술을 활용해 스테이블코인의 준비금 증명Proof of Reserves을 온체인 상에서 검증할 수 있도록 하거나, 스마트 컨트랙트에 의한 자동 상환 메커니즘을 도입하려는 시도를 하고 있다.

이러한 기술은 사람의 개입 없이도 준비금이 충분히 존재하는지 실시간 모니터링하게 해주거나, 위기 시 자동으로 대응해 페그 이탈을 막아줄 가능성이 있는 안정망이다. 앞서 2023년 미국에서는 FedNow와 같은 중앙은행의 24시간 결제망이 가동을 시작했는데, 이는 스테이블코인과 전통 은행 사이의 자금 이동이 주말이나 야간에도 원활히 이루어지게 함으로써 유동성 경색 위험을 줄여줄 수 있는 인프라적 보완책으로 평가되고 있다.

또한 스테이블코인을 활용한 금융사기에 대응하기 위한 방안으로, 국제결제은행은 스테이블코인의 투명한 거래 이력을 활용한 새로운 규제 접근을 제안한다. 블록체인에 기록된 '지갑 이력'을 기반으로 해당 스테이블코인의 합법적 사용 정도를 점수화하자는 구상인데, 일종의 '지갑 이력 기반 점수제'라고 할 수 있다. 즉, 스테이블코인이 통과한 지갑들의 이력을 추적해 합법 사용 점수를 계산하고, 그 코인이 한 번이라도 불법 거래에 쓰였는지 여부를 나타내는 꼬리표를 달아 감시하겠다는 이야기다.

예를 들어 과거에 불법 거래 전력이 있는 지갑에서 나온 스테이블 코인에는 낮은 점수가 매겨지고, 시장에서는 그런 코인이 정상 코인보다 싸게 거래되는 식이다. 이렇게 하면 사용자들 스스로가 '이 코인이 혹시 범죄에 연루되진 않았을까'라며 경계하게 되어, 불법 거래에 연루된 자금은 자연스럽게 기피될 것이라는 논리라고 할 수 있다.

스테이블코인에 신용점수 도입? '지갑 이력 점수제'가 뜬다

국제결제은행은 이 점수제를 자금세탁방지 시스템과 연계해, 거래소 등 오프램프off-ramp, 즉 가상자산을 현금으로 바꾸는 지점에서 활용하면 효과적일 것으로 제안한다. 금융회사나 거래소가 입금되는 스테이블코인의 점수를 확인해 의심스러운 자금은 은행 시스템으로 들어오지 못하게 걸러내거나 조사하는 것이다.

이는 일종의 맞춤형 규제 방안으로, 개별 거래를 모두 금지하기보다는 불법 사용된 적 있는 코인에 페널티를 부과해 자연스럽게 투명한 거래를 유도하려는 전략이다. 국제결제은행 측은 이러한 새로운 접근법이 기술의 투명성을 활용해 사기를 예방하는 하나의 해결책이 될 수 있다고 보고, 각국 금융당국에 적극적인 논의와 도입 검토를 촉구하고 있다.[9]

스테이블코인의 모든 것

디지털 달러로 가는 길, 지니어스법의 모든 것

이러한 관점에서 최근 입법 과정을 다시 한번 주의 깊게 살펴볼 필요가 있다. 2025년 7월, 트럼프 행정부의 주도로 제정된 세계 최초의 스테이블코인 전용 연방법인 지니어스법이 대표적이다. (지니어스법의 개요와 도입 과정은 앞서 'PART 2. 스테이블코인이 바꾸는 경제 구조'의 '스테이블코인의 경제 심리학'을 비롯하여 여러 차례 설명한 바 있다.) 이 법은 '미국을 암호화폐의 세계 수도로 만들겠다'라는 대통령의 기조 아래 추진된 것으로, 달러의 기축통화 지위를 강화하고 금융 안정을 확보하는 동시에 글로벌 스테이블코인 시장을 선도하려는 전략적 목적을 담고 있다.

특히 발행 구조의 투명성, 준비금 운용의 안전성, 투자자 보호 규정 등 핵심 요건을 연방법 차원에서 명확히 제시한 점이 주목된다. 기존까지 스테이블코인 발행과 감독은 주정부 자금 송금법이나 개별 은행 인가 제도에 의존했기 때문에 발행자와 투자자 모두 불확실성에 직면해 있었다. 지니어스법은 이러한 제도적 공백을 해소하고 연방 차원에서 일관된 규율을 마련한 첫 번째 제도적 틀로서, 미국뿐만 아니라 글로벌 규제 논의의 흐름에도 역사적 전환점이 된 것이다.

이 법안은 결제용 스테이블코인을 규제 대상으로 정의하며, 반드시 액면가와 동일하게 즉시 1대1 상환이 가능해야 하고, 준비자산은 현금·은행 예금·단기 국채 등 고유동성·저위험 자산으로 100% 보유할 것을 요구한다. 발행 주체는 은행, 신용조합, 비은행 금융기관 모두 가능하나, 비은행은 재무부 장관, 연준 의장, FDIC 의장이 참여하는 스테이블코인 인증 검토위원회의 만장일치 승인을 받아야 한다. 특히 발행 규모가 100억 달러 이상일 경우 연방정부가 직접 감독하며, 그 미만은 주정부가 관할하되 연방법이 최종적으로 우선한다. 소비자 보호를 위해 모든 보유자에게 상환권을 보장하고, 이자 지급이나 정부 보증과 같이 오인될 수 있는 마케팅은 금지된다.

스테이블코인도 법을 지켜야 산다

지니어스법은 스테이블코인 발행자와 관련 금융기관에 대해 전통 금융기관 수준의 준법 의무를 명확히 규정하고 있다. 첫째, 자금세탁 방지 의무다. 모든 발행자와 유통기관은 거래 과정에서 자금세탁, 테러 자금 조달, 불법 자산 은닉 시도가 없는지를 탐지하고, 의심 거래가 발생할 경우 당국에 보고해야 한다. 이는 스테이블코인이 '디지털 달러'로 유통될 때 글로벌 금융 범죄의 통로가 되는 것을 차단하기 위한 최소한의 안전장치다.

둘째, 고객신원확인 절차 강화다. 발행자는 신규 고객이 스테이블 코인을 매입하거나 계정을 개설할 때 반드시 본인 확인을 수행해야 하며, 신원 미확인 고객과의 거래는 금지된다. 이는 익명성에 기댄 불법 거래를 줄이고, 합법적 금융 생태계 안에서만 스테이블코인이

순환하도록 하는 핵심 장치다. 특히 미국은 KYC를 통해 범죄자·제재 대상·고위험 국가와의 연계를 사전에 차단하려 한다.

셋째, 해외자산통제국^{Office of Foreign Assets Control, OFAC} 제재 준수 의무다. 미국 재무부 OFAC가 유지하는 제재 명단에 오른 개인·기업·국가와의 모든 거래는 철저히 차단된다. 즉, 스테이블코인이 북한, 이란, 러시아 등 제재 대상 국가의 우회 결제 수단으로 쓰이지 않도록 발행자와 중개기관이 법적 책임을 진다. 이를 위반할 경우, 최대 수백만 달러의 벌금과 형사 처벌이 동시에 부과될 수 있다.

다른 한 측면은 지니어스법이 미국 달러 스테이블코인의 우위를 추구한다는 것이다. 외국 발행자의 경우 미국 내 유통은 원칙적으로 금지되고, 미국과 유사한 규제 체계를 갖춘 국가와 협정을 맺은 경우에만 예외적으로 허용된다. 달러 중심으로 스테이블코인을 운영하겠다는 의지다.

지니어스법을 둘러싼 업계의 엇갈린 시선

실제 업계의 반응은 엇갈린다. 코인베이스와 서클 같은 대형 사업자는 규제 명확성이 시장 신뢰를 높이고 기관 투자자 참여를 확대할 것이라며 적극 환영한다. 반면, 탈중앙화를 중시하는 측에서는 대기업 중심의 중앙집중화 구조를 오히려 강화해 블록체인의 본래 취지를 훼손한다고 비판한다. 다시 말해, 지니어스법은 법률 및 금융 업계에서는 법적 불명확성을 해소했다는 점에서 긍정적으로 평가되지만, 스타트업과 소규모 프로젝트에게는 새로운 규제 요건이 높은 진입장벽으로 작용할 수 있다는 우려가 함께 제기되고 있는 것이다.

이러한 불만에도 불구하고, 지니어스법 자체는 스테이블코인의 안정성 확보라는 취지에 부합하고 있다고 본다. 실제로 지니어스법은 미국이 스테이블코인의 신뢰성을 제도적으로 보강하기 위해 마련한 첫 연방법이다. 그 핵심은 스테이블코인을 단순한 디지털 토큰이 아닌 사실상의 디지털 달러로 규정하고, 발행과 유통 과정 전반을 전통 금융 수준의 규율 아래 두는 데 있다.

무엇보다 발행자는 반드시 유통 규모에 맞춰 100%의 고유동성·저위험 준비자산을 보유해야 하며, 그 내역을 주기적으로 공시하고 회계 감사를 받아야 한다. 이는 과거 테라·루나 사태처럼 불투명한 준비자산 구조가 대규모 디페깅과 붕괴를 야기한 사례를 교훈 삼아, 투자자 신뢰를 제도적으로 담보하려는 장치다. 또한 지니어스법은 모든 보유자에게 상환권을 최우선적으로 보장하여, 스테이블코인이 실제로 현금처럼 언제든지 교환 가능한 자산임을 제도화했다.

소비자 보호를 위한 금지 조항 역시 신뢰성 강화를 겨냥하고 있다. 발행자는 이자 지급이나 정부 보증처럼 오해를 불러일으킬 수 있는 홍보를 할 수 없으며, 반드시 AML·KYC·OFAC 제재 준수를 통해 범죄 자금의 유입을 막아야 한다. 법 위반 시에는 막대한 벌금과 형사 처벌이 가능해, 스테이블코인을 은행 예금에 준하는 수준의 규율 아래 두었다는 점에서 신뢰성이 제도적으로 뒷받침된다.

　더 나아가 외국 발행자의 미국 내 유통은, 미국과 유사한 규제 체계를 갖춘 국가와 협정을 맺은 경우에만 허용된다. 이는 달러 스테이블코인 시장을 보호하는 동시에, 국제적으로도 규제된 스테이블코인만이 안전하다는 신호를 주려는 의도다.

스테이블코인과
은행 예금의 미래

스테이블코인은 은행 예금과 마찬가지로, 발행 주체가 법정화폐를 예치하고 그에 상응하는 디지털 형태의 교환 수단을 제공한다는 점에서 기능적으로 유사하다. 이 구조는 신뢰를 바탕으로 작동한다. 은행 예금이 예치된 돈을 전자 계좌 형태로 기록해, 언제든 1:1로 현금으로 교환해 줄 것을 약속하듯, 스테이블코인 발행사도 사용자가 맡긴 달러나 기타 법정화폐에 대해 동일한 가치의 토큰을 발행한다. 그리고 필요할 경우 이를 다시 법정통화로 교환해 줄 것을 약속한다.

또한 스테이블코인은 투자자들이 변동성이 큰 가상자산을 매도한 뒤, 가치를 안전하게 보관하는 용도로 자주 활용된다. 단기적인 대기 자산으로도 사용되며, 실질적으로는 디지털 예금처럼 기능하고 있는 셈이다.

글로벌 은행들도 뛰어들었다

초기에는 비은행 민간 회사들이 주도했던 스테이블코인 시장에, 최근에는 글로벌 은행들도 속속 참여하고 있다. 대표적으로 미국 대형 은행인 JP모건 체이스는 2019년, 세계 주요 은행 중 처음으로 달러화에 1:1로 연동되는 자체 스테이블코인 'JPM 코인'을 시험 발행했다. 이 코인은 JP모건의 기업 고객들 사이에서 국내외 대량 결제 및 자금 이체에 활용되고 있으며, 허가형 블록체인*인 Quorum 기반으로 운영되는 도매용^{stablecoin} 토큰이다. JP모건의 성공 이후, 2020년대 들어 다른 글로벌 은행들도 스테이블코인 발행에 뛰어들었다.

유럽에서는 프랑스의 대형 은행 소시에테 제네랄^{Societe Generale}이 은행 신하 디지털자산 자회사^{SG-Forge}를 통해 2023년 유로화 연동 스테이블코인 EUR 코인버터블^{EURCV}을 출시한 바 있다. 다만 초기 유통 규모는 크지 않았으나, 2025년에는 달러화 연동 스테이블코인인 USD 코인버터블을 이더리움 및 솔라나 블록체인에서 발행하여 본격적인 달러 스테이블코인 시장에 진입할 계획을 발표했다.

이는 글로벌 은행 중 최초의 달러 기반 스테이블코인 진출 사례로, 소시에테 제네랄 측은 규제를 준수한 달러 스테이블코인에 대한 시장 수요가 높다고 강조하였다. 실제로 해당 은행은 자체 스테이블코인을 EU의 MiCA 아래 전자화폐토큰^{e-money token}으로 분류하여 엄격한

---

* 네트워크에 참여하거나 거래를 검증하려면 사전에 허가(permission)를 받아야 하는 블록체인.

규제를 따를 것이라 밝히는 등 전통 금융기관의 강점을 살려 투명한 준비자산 관리와 감독하에 운영되는 스테이블코인을 내세우고 있다.

일본 역시 은행권의 스테이블코인 도입에 적극적이다. 일본은 앞서 2022년 6월, 세계 최초로 스테이블코인 관련 법제를 마련해 은행 등 인가된 기관만이 엔화 연동 스테이블코인을 발행할 수 있도록 했다. 이를 바탕으로 미쓰비시UFJ신탁은행, 미즈호은행, SMBC 등을 중심으로 한 현지 메가뱅크 컨소시엄이 '프로그마Progmat'라는 합작 플랫폼을 통해 엔화 기반 스테이블코인 발행 및 송금 시스템을 준비 중이다. 일본 은행들은 국내외 대량 결제 분야에서 스테이블코인의 속도와 효율성이 높다고 보고 있으며, 거래 처리 속도가 빠르고 변동성이 낮아 안정적인 결제·송금 수단으로 활용될 수 있다는 점을 강점으로 꼽는다.

예금토큰과 스테이블코인, 뭐가 다른데?

은행권에서 스테이블코인과 함께 주목받는 개념으로 '토큰화 예금 Tokenized Deposit*'이 있다. 다시 말해, 예금토큰은 은행의 부채liability인 예금을 단지 디지털 형태로 포장한 것에 불과하며, 법적으로는 여전히 은행 예금으로 취급된다. 반면, 스테이블코인은 발행 주체가 은행일 수

---

* 시중은행이 발행하는 디지털 예금증서로서, 은행에 맡긴 예금을 1대1로 블록체인 상에 토큰 형태로 표시한 것.

도 있지만, 대부분은 은행 시스템 밖의 민간 기업이 발행하며, 법정화폐나 국채·현금 등의 준비자산을 1:1로 보유해 그 가치를 기반으로 토큰을 발행하는 전자화폐적 성격의 디지털자산이다.

두 방식은 겉보기에는 '1코인 = 1화폐'로 가치가 연동된다는 점에서 유사해 보이지만, 신뢰의 기반 구조는 다르다. 예금토큰은 은행의 건전성과 예금자 보호장치에 의해 신뢰가 담보되는 반면, 스테이블코인은 발행사의 준비자산 보유 능력과 신용에 의존한다. 실제로 스테이블코인 시장에서는 준비자산의 투명성을 둘러싼 논란이 꾸준히 제기되어 왔는데, 이는 발행사가 은행과 달리 공시 의무나 규제가 미비해 준비자산을 충분히 보유하고 있는지 외부에서 검증하기 어렵기 때문이다.

자금 운용과 유동성 측면에서도 두 방식은 뚜렷한 차이를 보인다. 일반적인 스테이블코인은 투자자가 맡긴 돈 100%를 별도로 예치lock-up하고 그만큼의 토큰을 발행하므로, 발행사는 해당 자금을 다른 용도로 활용할 수 없다. 반면, 예금토큰은 일반 예금과 마찬가지로 일부 지급준비금을 제외한 예치금을 대출 등으로 운용할 수 있다. 예를 들어, 블록체인상에서 100달러를 활용하려 할 때, 스테이블코인은 전액을 준비금으로 묶어야 하지만, 예금토큰 방식이라면 10달러만 지급준비금으로 보유하고 나머지 90달러는 여신 등으로 운용할 수 있는 것이다.

즉, 스테이블코인은 은행 시스템 밖으로 자금이 이탈해 유통되는 구조지만, 예금토큰은 은행 시스템 안에 예금으로 남아 있으면서도 블록체인의 장점(속도, 24시간 결제 등)을 활용할 수 있다는 점에서 금융기관 입장에서는 더 수용하기 쉬운 대안이 될 수 있다.

이러한 차이로 인해, 은행권과 비은행권 사이에서는 디지털화된 화폐의 발행 주도권을 둘러싼 경쟁 구도도 형성되고 있다. 현재까지는 테더, 서클 등 비은행 민간 기업들이 발행한 스테이블코인이 글로벌 시장을 선점해 막대한 유통량을 확보하고 있으며, 일부 테크 기업들 역시 자체 스테이블코인이나 유사한 디지털화폐를 추진했다. 이에 은행들은 토큰화된 예금으로 대응하거나 자체 스테이블코인을 통해 이 시장에 진출하며, 예금 기반 비즈니스가 잠식당하지 않도록 전략을 모색하는 중이다.

예금 못 이기는 벽, '이자'와 '신뢰'

한편, 스테이블코인이 은행 예금과 유사한 기능을 일부 수행할 수 있음에도 불구하고, 완전히 대체하지 못하는 여러 한계가 존재한다.

우선, 예금자 보호와 지급준비 제도가 없다. 은행 예금은 각국 정부의 예금자 보호 제도 아래 일정 금액까지 보호되고, 은행은 중앙은행에 지급준비금을 예치하며 유동성 지원도 받을 수 있다. 반면, 대부분의 스테이블코인에는 이러한 안전장치가 없다. 은행은 금융위기 시 중앙은행의 긴급 자금 대출이나 예금보험을 통해 뱅크런 위험을 완화하지만, 스테이블코인 발행사는 오로지 준비자산의 유동성에만 의존해야 한다.

게다가 은행 예금은 엄격한 금융 규제와 감독을 받으며, 은행의 재무 건전성과 유동성 비율 등에 대한 공시가 정례화되어 있다. 반면 스테이블코인은 아직까지 규제 공백이 있는 국가가 많아 발행사에 대한 감독과 공시 의무가 미흡하다. 그 결과 준비자산의 구성 내역과 안전성에 대한 시장의 신뢰가 높지 않으며, 테더의 상업어음 보유 논란처럼 투명성 문제도 끊이지 않았다. 일부 스테이블코인 발행사는 자발적으로 준비자산 내역을 공개하고 회계 감사를 받겠다고 밝히고 있으나, 이는 어디까지나 민간 발행사의 자율에 맡겨진 조치일 뿐, 은행 수준의 법적 의무는 아니다. 이러한 규제 공백은 스테이블코인이 광범위하게 채택되기 어려운 요인이며, 결국 이용자들이 신뢰할 수 있는 공적 규율이 확보되지 않는 한 예금 대비 선호도가 제한될 수밖에 없다.

또 하나의 결정적인 차이는 '이자'다. 예금은 은행에 돈을 맡기면 이자 등의 금융 혜택을 얻을 수 있는 반면, 대부분의 스테이블코인은 보유자에게 이자를 제공하지 않는다. 미국의 신규 스테이블코인 법안도 스테이블코인에 대한 이자 지급을 명시적으로 금지하고 있어, 스테이블코인이 은행 예금과 직접 경쟁하지 못하도록 하고 있다. 그 결과 자금 보유자 입장에서 스테이블코인은 무이자 자산이며, 시장 금리가 높을 때는 대규모 자금을 예치해 두기에 기회비용이 크다. 이런 점에서 경제적 인센티브 측면에서도 스테이블코인은 예금에 비해 매력에서 열위에 있으며, 이것이 스테이블코인이 예금을 완전히 대체하지 못하는 현실적인 이유다.

이자 붙는 스테이블코인, 가능성은 열려 있다

스테이블코인이 예금과 달리 다양한 디파이 금융에 이용될 수 있다는 점 역시 간과할 수 없다. 디파이 금융은 가상자산 시장의 빠른 발전과 함께 급속히 성장할 것으로 예측되며, 은행과 유사하게 고정형 금리 서비스를 제공하는 상품도 이미 거래되고 있다. 스테이블코인에 이자가 붙는 상품, 즉 '이자 지급형stablecoin interest-bearing' 또는 '수익 제공형yield-bearing' 스테이블코인은 실제로 존재하며, 다양한 형태로 제공되고 있다.

더욱이 코인베이스 같은 회사는 리워드 형태로 스테이블코인 보유자에게 사실상 금리를 지급하고 있다. 예를 들어 써클은 고객이 맡긴 달러를 미국 국채나 현금성 자산에 투자해 연 3~5%의 수익을 창출하고, 코인베이스와의 수익 공유 계약을 통해 이 중 일부를 코인베이스에 배분한다. 코인베이스는 이 배분된 수익에서 고객에게 연 4%의 리워드를 지급하는 구조다.

지니어스법은 발행사의 직접 이자 지급을 금지하고 있지만, 제3자인 거래소가 지급하는 리워드는 법적으로 금지되지 않았다. 코인베이스의 리워드는 '이자'가 아니라 '마케팅 리워드'라는 명목으로 제공되고 있으며, 이처럼 법적 포장을 통해 규제를 우회하는 사례가 실제로 존재한다.

따라서 스테이블코인을 단순히 보유하고 있으면 이자를 받을 수 없다는 인식은 일종의 착시일 수 있다. 비록 이러한 리워드는 확정 금리 형태는 아니지만, 비교적 높은 수익률을 제공한다는 점에서 은행의 예금 자금이 스테이블코인으로 유출될 가능성은 항상 존재하며, 이는 디파이 금융시장의 성장과도 밀접한 관련이 있다.

결론적으로, '스테이블코인이 광범위하게 쓰일 경우 은행 예금을 잠식할 수 있다'라는 지적은 지속적으로 제기되고 있다. 미국 지니어스법은 스테이블코인에 이자 지급을 금지함으로써 예금과의 직접 경쟁을 차단하고자 했으며, 이는 규제 당국이 금융안정과 소비자 보호를 해치지 않는 범위 내에서 혁신을 수용하려는 움직임으로 해석할 수 있다. 그러나 금융시장은 규제보다 빠르게 움직인다. 가상자산 시장의 확대에 따라, 스테이블코인이 전통 금융, 특히 예금 시장을 점차 잠식할 가능성은 여전히 열려 있다.

스테이블코인,
기회는 크지만 답은 신중하게

앞서 원화와 외화 스테이블코인 도입에 대해 구분 없이 이야기했다. 특히 스테이블코인이 지닌 장점은 명확히 언급했고, 그 잠재력이 크다는 점도 여러 차례 강조했다. 그것이 이 책의 주제이기도 하다. 많은 이들이 미래에는 스테이블코인을 포함한 디지털화폐, 증권형 토큰, 디파이 세계가 충분히 구축될 것이라고 보고 있다.

하지만 원화 스테이블코인과 달러 스테이블코인은 다르다는 점은 짚고 넘어갈 필요가 있다. 원화 스테이블코인이 최대한 빠르게 도입된다고 해서 반드시 성공할 수 있을지, 그리고 장미빛 미래가 펼쳐질지는 별개의 문제다. 과거 메타버스나 NFT 열풍처럼 기대감만으로 주목을 받았다가 빠르게 식은 사례처럼, 원화 기반 스테이블코인도 무작정 도입할 경우 그 비용과 편익을 신중하게 따져보아야 한다. 더욱이 원화는 기축통화가 아니기 때문에, 거시경제적 부작용에 대한 충분한 이해도 아직 부족한 것이 현실이다.

달러가 장악한 글로벌 무대

현재 전 세계 스테이블코인 시장은 사실상 달러의 독무대다. 글로벌 암호화폐 거래나 디파이 서비스에서는 대부분 미 달러에 연동된 스테이블코인이 통용되고 있다. 테더, 서클 등과 같은 달러 기반 스테이블코인은 거의 모든 블록체인 서비스에서 기본 화폐처럼 사용된다. 이는 달러가 법정통화로서 기축통화의 역할을 가상자산 시장에서도 이어가고 있음을 보여준다. 달러는 가장 널리 쓰이고, 어디서든 사용될 수 있는 자산이기에, 달러 표시 스테이블코인이 신뢰될 수밖에 없다.

반면 원화는 철저히 로컬 통화로, 국경을 넘는 순간 그 효용이 사라진다. 원화 연동 스테이블코인은 글로벌 시장에서 활용처를 찾기 어렵다. 흥미로운 점은, 세계 기축통화 중 하나인 유로화조차 스테이블코인 시장에서는 고전하고 있다는 사실이다. 서클이 발행한 유로 연동 스테이블코인 EURC도 존재하지만, 사용처는 제한적이고 거래량은 미미하다. 전 세계 스테이블코인 시가총액의 99% 이상이 달러 기반 코인이 차지하고 있는 상황이다.

이런 환경에서 원화 기반 스테이블코인을 출시한다면, 사실상 국내

(단위 %)

유로화 0.16

싱가포르달러 0.01

기타 0.01

달러
99.82

그림 맺는말-1 · 스테이블코인 중 각국 화폐 비중(2025년 6월 16일 기준)

에서만 사용되는 '디지털 고립 통화'가 될 가능성이 크다. 설령 원화 스테이블코인이 만들어지더라도, 해외 프로젝트를 진행할 때에는 대부분 달러 스테이블코인으로 전환해 사용하는 방식이 될 것이다. 해외 사업자 입장에서도 원화를 굳이 채택할 이유가 없기 때문이다. 아무리 디지털 형태라 해도, 세계적 수요가 제한된 스테이블코인은 확장성과 파급력을 기대하기 어렵다.

스테이블코인, 수요 없는 공급의 함정

국내 수요 측면에서도 회의적인 시각이 존재한다. 업비트, 빗썸 같은 국내 주요 가상자산 거래소는 은행 계좌와 연동해 원화를 직접 입출금할 수 있는 서비스를 이미 제공하고 있다. 다시 말해, 원화를 거래소에 그대로 넣고 뺄 수 있기 때문에 굳이 그것을 한 번 스테이블

스테이블코인의 모든 것

코인으로 바꿨다가 다시 원화로 환전할 이유가 없다.

실제로 원화를 스테이블코인으로 전환한 뒤 다시 현금화하는 과정은 번거롭고 수수료까지 발생할 수 있어, 사용자 입장에서는 자발적으로 그런 경로를 선택할 동기가 매우 낮다. 결국 원화 스테이블코인은 실생활에서 사용되기 어렵고, 거래소 안에서도 기존 시스템보다 오히려 비효율적이라는 지적이 나올 수밖에 없다. 더구나 이자 지급도 제대로 되지 않는 구조라면, 사용자 입장에서는 '이걸 왜 써야 하죠?'라는 반문이 나올 수밖에 없다. 이는 한국의 가상자산 생태계가 해외와는 구조적으로 다르기 때문이다.

더군다나 가상자산 관련 ETF까지 만들어질 경우, 원화 스테이블코인의 사용처는 더욱 위축될 수 있다. 이처럼 시장 수요의 부족은 원화 스테이블코인의 빠른 도입을 가로막는 근본적인 장애 요인으로 지적된다.

이와 같이 현재 수요가 충분하지 않은 상황에서 공급자들만 시장 진입을 준비하고 있다는 점에 대한 우려도 나온다. 전 세계 스테이블코인 수요의 99% 이상이 달러 기반이며, 유로화조차 0.16%에 불과한 현실 속에서, 한국은 실질 수요도 확인되지 않은 상태에서 먼저 제도화에 나서려는 모습이라는 것이다.

요컨대, 달러에 비해 원화에 연동된 스테이블코인을 사용하려는 실질적 수요가 충분한가에 대해선 회의적이다. 원화 스테이블코인을 통해 글로벌 시장에서 실질적인 점유 효과를 기대하기 어렵다면, 이를 굳이 서둘러 제도화할 필요가 있는지에 대해서는 보다 신중한 검토가 필요하다.

인프라는 앞서가지만, 활용처는 미지수

정부 정책 기조에 힘입어 여러 기업들이 원화 스테이블코인 관련 인프라 구축에 뛰어들고 있지만, 정작 이를 활용할 서비스 환경은 아직 미성숙하다는 지적에 귀를 기울일 필요가 있다. 아무리 좋은 플랫폼과 기술을 마련해도 실제로 사용할 곳이 없다면 무용지물이 될 수 있다.

현재 한국의 금융 시스템은 은행 간 이체나 결제가 365일 24시간 즉시 처리될 만큼 효율적이며, 수수료도 사실상 없다. 국내 계좌 이체는 거의 실시간으로 무료로 이루어지고 있어, 국내 송금이나 결제 영역에서 스테이블코인이 속도나 비용 측면에서 우위를 보이기는 어렵다. 소비자 입장에서도 기존 은행 앱이나 간편결제 수단만으로 충분히 빠르고 안전하게 원화 결제가 가능하다. 물론 보다 용이한 해외 결제 등이 가능하다는 장점은 있지만, 국내 소비자 입장에서 새로운 스테이블코인 결제망을 굳이 이용해야 할 뚜렷한 동기는 크지 않다. 특히 스마트 컨트랙트와의 연계라는 특수한 장점이 부각되지 않는 한, 스테이블코인은 카카오페이나 네이버페이 같은 기존 간편결제 서비스와 비교해 지급 수단으로서 뚜렷한 차별성을 보여주기 힘들다.

과거 사례를 보더라도, 인프라만 앞서 구축되고 실사용이 따르지 않

스테이블코인의 모든 것

아 실패한 경우는 이미 있었다. 카카오톡에 탑재됐던 클립^{Klip} 암호화폐 지갑이나 NFT 마켓플레이스 크립드롭스^{Klip Drops}는 초기 기대와 달리 이용자가 저조해 결국 서비스를 종료했다. 대기업의 기술력과 플랫폼 파워만 믿고 시장에 뛰어들었지만, 결과적으로 시장 안착에 실패한 사례로 남았다. 메타버스나 NFT 열풍 당시에도 정부의 지원 발표에 주가는 급등했지만, 뚜렷한 활용 없이 시장 열기가 식어버린 전례가 있다.

요컨대, 원화 스테이블코인 인프라를 아무리 빠르게 구축하더라도 이를 뒷받침할 실질적 수요와 서비스가 성숙하지 않았다면, 그 인프라는 유령 시설처럼 방치되거나 일시적 투기 대상으로 전락할 위험이 있다.

무질서한 경쟁이 부를 위험

원화 스테이블코인을 둘러싸고 여러 민간 주체들이 앞다투어 시장에 뛰어들 경우, 자칫 무질서한 경쟁과 신뢰성 문제가 발생할 수 있다. 현재도 주요 시중은행부터 핀테크 기업, 가상자산 거래소들까지 저마다 원화 스테이블코인 발행을 검토하고 있는데, 발행 주체의 난립은 관리·감독을 어렵게 하고, 결국 혼란을 초래할 수 있다는 우려가 나온다.

감독 체계가 미비한 상황에서 영세하거나 검증되지 않은 업체들까지 참여하게 되면, 자금세탁방지나 고객확인의무 같은 기본적인 컴

플라이언스 절차가 부실해질 수 있다. 보안 수준이 낮은 플랫폼에서는 해킹 사고가 발생할 수 있고, 준비자산 관리 실패로 대규모 상환 요구가 발생할 경우 유동성 위기에 직면할 가능성도 지적된다. 특히 중앙은행이 아닌 민간이 발행하는 스테이블코인은 발행사의 신용과 준비자산에 전적으로 의존하는데, 만약 발행사가 파산하거나 담보 자산에 문제가 생기면 해당 코인의 가치는 한순간에 붕괴될 수 있다. 사용자들이 스테이블코인을 믿고 원화를 맡겼다가 돌이킬 수 없는 피해를 볼 수 있다는 이야기다.

더 큰 문제는, 시장 수요가 크지 않은 상황에서 과열 경쟁이 벌어질 경우다. 여러 업체가 '먼저 선점하자'라는 이유로 앞다퉈 진입한다면, 나쁜 유인이 작동할 가능성이 높다. 여러 전문가들은 '진입장벽이 낮으면 공급자들이 경쟁적으로 출혈 경쟁을 벌일 수 있고, 이런 일이 금융 분야에서 발생하면 보통 사고가 날 가능성이 높다'라고 경고했다.

구체적으로는, 초기 점유율을 확보하려는 일부 발행사가 사용자에게 과도한 이자나 보상을 약속하며 공격적으로 나설 가능성이 있다. 이는 단기적으로는 유인책이 될 수 있으나, 장기적으로는 시장 왜곡과 투자자 피해를 불러올 수 있다.

테라 사태가 남긴 교훈

2022년, 한국계 업체 테라폼랩스가 발행한 달러 연동 스테이블코인 테라USD는 연 20%에 달하는 파격적인 예치 이자를 내걸며 자금을 끌어모았다. 일종의 폰지처럼 구조가 설계된 이 모델은 담보자산 부족과 시스템 설계 결함으로 인해 가격이 폭락했고, 그 결과 수십조 원대의 피해를 낳았다. 이처럼 지나치게 높은 이자율이나 스테이킹 보상은 스테이블코인의 재정 건전성을 해치고, 지속 불가능한 구조일 가능성이 크다.

더욱이 기축통화국이 아닌 국가에서 스테이블코인이 야기할 거시경제적 위험성에 대한 분석은 아직 충분하지 않다. 한국은 세계 최고 수준의 금융 인프라를 갖춘 나라다. 은행 계좌가 없는 사람을 찾기 어렵고, 간편결제 계정조차 대부분이 가지고 있다. 디지털 포용이라는 관점에서도 스테이블코인의 필요성은 크지 않다.

오히려 외환시장과 통화정책 등 거시경제 운영에서 스테이블코인이 새로운 변수로 작용할 경우, 그 위험은 선진국보다 클 수 있다.

구분	내용
테라는?	1달러 = 1테라 스테이블코인
발행자	테라폼랩스 (대표 권도형)
사건 발생일	2022년 5월 9일 폭락 시작
시가총액 변화	10일 만에 450억 달러 (약 58조 원) 증발
피해자 수	국내 28만 명 추산
피해 규모	루나 700억 개

표 맺는말 1 · 스테이블코인 테라 사건 일지

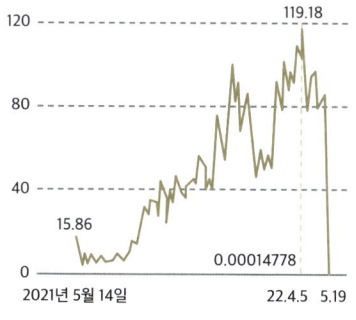

그림 맺는말 2 · 달이 아닌 태초로 돌아간 루나

신중한 도입, 단계적 제도화가 답이다

스테이블코인이 성공적으로 안착하면 디지털자산 시장과 전통 금융을 연결하고, 결제 혁신을 이루는 등 잠재적 효용이 매우 크다는 점에 대해서는 대부분 동의할 것이다. 실제로는 일각에서 원화 스테이블코인이 '국내 블록체인 생태계를 활성화하는 순기능'을 가져올 수 있다는 기대를 표하기도 한다.

그러나 아직 기술 발전 단계가 요원한 스테이블코인 기반 금융시장 체계에서, 원화 스테이블코인이 이러한 역할을 단기간에 수행할 수 있을지는 조심스러운 검토가 필요하다. 사실 원화 스테이블코인을 서두를 이유는 없으며, 소비자 보호를 위한 엄격한 규제 아래 단계적으로 제도화해야 한다고 조언하는 전문가들 의견도 귀기울일 필요가 있다.

원화 스테이블코인 자체에 부정적인 의견을 가진 사람은 드물다. 글로벌 스탠더드가 변화하고 있기 때문이다. 명확한 법적 기준, 충분한 준비 자산과 투명성, 중앙은행 등 공공 부문의 협력, 그리고 기존 금융과의 연계 방안 등이 종합적으로 갖춰져야만 안정적으로 정착할 수 있을 것이다.

더욱이, 가상자산 시장 내에서 이미 기축통화가 되어버린 달러화와는 달리, 원화 스테이블코인은 한국 금융 서비스에 실제로 이용되지 않는 한 용처가 매우 불분명하다. 과도한 난립 경쟁과 그에 따른 주식시장 내 투기 가능성 등 부작용도 고려해, 적절한 입법 속도를 유지할 필요가 있다는 의견 역시 충분히 존중할 만하다.

다시 말해, 디파이 등 스테이블코인 및 가상자산 기술 관련 발전이 동반되고, 실효성을 거둘 만큼 성숙할 필요가 있다. 무작정 최대한 속도를 내기보다는, 금융기관의 블록체인 및 디파이 금융 활용을 먼저 발전시키고, 이를 바탕으로 스테이블코인을 조화롭게 도입하는 지혜가 요구되는 시점이다. 누구도 부정할 수 없는 스테이블코인의 역할을 금융시스템의 역량으로 극대화할 수 있어야 한다.

- 조진형, 이정환

PART 1. 스테이블 코인이란 무엇인가?

1   https://www.newyorker.com/news/news-desk/how-will-the-end-of-cheap-money-affectthe-trump-economy

2   https://www.britannica.com/topic/Occupy-Wall-Street

3   https://www.ecb.europa.eu/press/financial-stability-publications/fsr/special/html/ecb.fsrart202205_02~1cc6b111b4.en.html

4   〈한경비즈니스〉, 150명으로 18조원 번 테더, 스테이블코인 왕좌를 지킬 수 있을까[비트코인 A to Z], 2025년 7월 30일자.

5   〈한국일보〉, 이창용 "원화 스테이블코인, 통화정책 유효성 저해 우려", 2025년 5월 29일자.

6   Copestake, Alexander, et al. Macro-financial implications of foreign crypto assets for small developing economies. International Monetary Fund, 2023.

7   Ahmed, Rashad, and Iñaki Aldasoro. Stablecoins and safe asset prices. No. 1270. Bank for International Settlements, 2025.

8   https://www.coindesk.com/markets/2025/04/15/stablecoin-market-could-grow-to-usd2tby-end-2028-standard-chartered

9   https://news.kbs.co.kr/news/pc/view/view.do?ncd=8335003#:~;text=%FC%9D%B4%EB%8A%94%202024%20%ED%9A%8C%EA%B3%84%EC%97%B0%EB%8F%84%EC%9D%98%201%EC%A1%B0%208%EC%B2%9C300%EC%96%B5%20%EB%8B%A-C%EB%9F%AC%EB%82%98%20CBO%EA%B0%80,%EC%9D%B4%EB%B2%88%20%EC%B6%94%EC%82%B0%EC%97%90%EB%8A%94%20%EB%8F%84%IEB%84%90%EB%93%9C%20%ED%8A%B8%EB%9F%BC%ED%94%84%20%EB%8C%80%ED%86%B5%EB%A0%B9%EC%9D%98%20%EB%8C%80%EC%84%A0%20%EA%B3%B5%EC%95%BD

10 https://www.digitaltoday.co.kr/news/articleView.html?idxno=586728

11 Parma Bains & Ranjit Singh, Crypto's Conservative Coins, International Monetary Fund, 2022.

12 〈Financial Times〉, The criminal's 'go-to cryptocurrency' has a new friend in the White House, Dec. 11, 2024.

13 https://cryptorank.io/news/feed/3476b-8620-solana-wallets-linked-to-the-dexx-hack

14 〈MarketWatch〉, The stablecoin law is here — It doesn't mean your dollar-backed crypto is 100% safe. July. 30th. 2025.

15 Copestake, Alexander, et al. Macro-financial implications of foreign crypto assets for small developing economies. International Monetary Fund, 2023.

16 Tobias Adrian, Tommaso Mancini-Griffoli, Public and Private Money Can Coexist in the Digital Age, IMF, 2021.

17 〈Bloomingbit〉, 테더, 금 82톤 · 비트코인 10만개 보유…美 국채도 세계 18위, 2025년 8월 10일자.

18 〈비즈니스포스트〉, [현장] 테더 부사장 "신흥국에서 달러 기반 스테이블코인 테더 사용 증가, 소액결제 · 일상거래 비중 높아", 2025년 9월 9일자.

19 〈조선일보〉, 금융 전문가의 경고 "스테이블코인 최악의 시나리오는 코인런, 그후의 금융 붕괴", 2025년 7월 25일자.

20 〈동아일보〉, 스테이블코인 발행사 '서클', 상장 첫날 공모가 대비 168% 폭등, 2025년 6월 6일자.

21 〈한경코리아마켓〉, 서클 CEO, 스테이블코인 법안 통과 촉구…"美 달러화 경쟁력 유지에 도움", 2023년 6월 13일자.

22 〈99Bitcoins〉, 페이팔, 비트코인 · 이더리움 · 스테이블코인 PYUSD P2P 송금에 전격 통합, 2025년 9월 17일자.

23 〈Bloomingbit〉, 팍소스, 美 은행 인가 재도전, 2025년 8월 12일자.

PART 2. 스테이블코인이 바꾸는 경제 구조

1 Copestake, Alexander, et al. Macro-financial implications of foreign crypto assets for small developing economies. International Monetary Fund, 2023.

2 III. The next-generation monetary and financial system, BIS Annual Economic Report | 24 June 2025.

3 Copestake, Alexander, et al. Macro-financial implications of foreign crypto assets for small developing economies. International Monetary Fund, 2023.

4 The Changing Landscape of Crypto Assets—Considerations for Regulatory and Supervisory Authorities, IMF-FSB-OCC Crypto Conference, Feb. 23, 2024.

5 〈한국경제신문〉, 통화 주권 위협하는 스테이블 코인…개도국선 화폐 대체도, 2024년 10월 17일자.

6 Committee on Payments and Market Infrastructures Markets Committee(BIS), Central bank digital currencies, March, 2018.

7 Committee on Payments and Market Infrastructures Markets Committee(BIS), Central bank digital currencies, March, 2018.

8 Das, Ms Mitali, et al. Implications of central bank digital currencies for monetary policy transmission. International Monetary Fund, 2023.

9 Tosun, Tayfun Tuncay, and Erginbay Uğurlu. "The Impact of the fed's monetary policy on

cryptocurrencies: Novel policy implications for central banks." Journal of Risk and Financial Management 18.7 (2025): 393.

10 Aldasoro, I., Cornelli, G., Ferrari Minesso, M., Gambacorta, L., & Habib, M. M. (2024). Stablecoins, money market funds and monetary policy (BIS Working Paper No. 1219). Bank for International Settlements.

11 Aldasoro, I., Cornelli, G., Ferrari Minesso, M., Gambacorta, L., & Habib, M. M. (2024). Stablecoins, money market funds and monetary policy (BIS Working Paper No. 1219). Bank for International Settlements.

12 〈한국경제신문〉, [단독] 테더로 필리핀 도우미 월급 준다, 2025년 5월 12일자.

13 FSB, IMF-FSB Synthesis Paper: Policies for Crypto-Assets, Sept. 7, 2023.

14 G7 Working Group on Stablecoins(BIS), Investigating the impact of global stablecoins, Oct. 2019.

15 〈더벨〉, 글로벌 카드사들 속도전…국내는 '눈의 중', 2025년 8월 26일자.

16 https://tether.to/ru/transparency/?tab=usdt

    https://www.circle.com/transparency

17 https://www.investopedia.com/articles/economics/09/money-market-reserve-fund-meltdown.asp

18 https://www.weforum.org/stories/2025/03/stablecoins cryptocurrency-on-rise-financial-systems/?utm_source=chatgpt.com

19 〈CoinDesk〉, Circle Confirms $3.3B of USDC's Cash Reserves Stuck at Failed Silicon Valley Bank, Mar. 11, 2023.

20 Ⅲ. The next-generation monetary and financial system, BIS Annual Economic Report Ⅰ 24 June 2025.

21 Mahrous, A., Caprolu, M., & Di Pietro, R. (2025). Stablecoins: Fundamentals, emerging issues, and open challenges (arXiv:2507.13883) [Preprint]. arXiv.

22 〈Reuters〉, Crypto collapse intensifies as stablecoin Tether slides below dollar peg, May 13, 2022.

23 〈Reuters〉, Trump signs stablecoin law as crypto industry aims for mainstream adoption, July. 19, 2025.

24 〈CoinDesk〉, Stablecoin Market Could Grow to $2T by End-2028: Standard Chartered, April 16, 2025.

25 https://investor.visa.com/news/news-details/2023/Visa-Expands-Stablecoin-Settlement-Capabilities-to-Merchant-Acquirers/default.aspx

26 〈Cointelegraph〉, The $1,150 trademark that could change crypto: What's hiding in JPMorgan's JPMD filing?, Jun 25, 2025.

27 〈Guardian〉, USD Coin value falls after revealing $3.3bn held at Silicon Valley Bank, Mar. 11, 2023.

28 https://www.fdic.gov/news/press-releases/2023/pr23017.html

29 〈CoinDesk〉, During Bitcoin's Latest Price Crash, 'Tether Premium' Shows Where Money Went, Sep. 14, 2021.

30 〈FEDS Notes〉, Primary and Secondary Markets for Stablecoins, Feb. 23, 2024.

31 〈The Defiant〉, Markets Recover After U.S. Regulators Backstop Deposits At Failed Banks, Mar. 14, 2023.

32 Carrillo, F., & Hu, E. (2023). MEV in fixed gas price blockchains: Terra Classic as a case of study (arXiv:2303.04242). arXiv.

33 https://tether.io/news/tethers-2023-q4-attestation/

34 〈BeinCrypto〉, Crypto vs. TradFi: Tether's 2023 Earnings Rival World's Largest Banks, April, 8 2024.

35 〈Bloomberg〉, The World's Most-Used Cryptocurrency Isn't Bitcoin, Oct. 1, 2019.

36 https://www.weforum.org/stories/2025/03/stablecoins-cryptocurrency-on-rise-financial-systems/

37 https://www.weforum.org/stories/2025/03/stablecoins-cryptocurrency-on-rise-financial-systems/

38 〈Cointelegraph〉, Andreessen Horowitz Invests $15 Million in Stablecoin Firm MakerDAO, Sep. 25, 2018.

39 Read, O., & Schäfer, S. (2020). Libra project: Regulators act on global stablecoins. Intereconomics: Review of European Economic Policy, 55(6), 392–398.

40 〈Cointelegraph〉, KakaoBank plans to 'actively participate' in stablecoin market: Report, Aug. 7, 2025.

41 Crypto Briefing, Apple, X, and Google hold talks with crypto firms on stablecoin integration, Jun. 6, 2025.

42 〈Wall Street journal〉, Walmart and Amazon Are Exploring Issuing Their Own Stablecoins, June. 13, 2025.

43 Congressional Research Service (CRS), Key Issues in Stablecoin Legislation in the 119th Congress, Jun. 9, 2025.

44 〈zdnet korea〉, 페이스북 코인 '리브라', 비트코인 아성 넘을까, 2019년 6월 19일자.

45 〈Reuters〉, Facebook spurred central banks to study digital currencies: former Japan central banker, Jan. 22, 2020.

스테이블코인의 모든 것

PART 3. 스테이블코인의 투자와 미래

1 삼정KPMG가 2025년 7월 펴낸 「달러 스테이블코인, 글로벌 금융시장을 흔든다 – 미국 디지털자산 3법을 중심으로」 18쪽의 표를 보완함을 밝힘.

2 https://www.digitaltoday.co.kr/news/articleView.html?idxno=592059

PART 4. 스테이블코인을 향한 질문들?

1 Yiming Ma, Yao Zeng, and Anthony Lee Zhang, Stablecoin Runs and the Centralization of Arbitrage, Becker Friedman Institute for Economics, The University of Chicago, June 2025.

2 Ma, Y., Zeng, Y., & Zhang, A. L. (2025). Stablecoin Runs and the Centralization of Arbitrage. Becker Friedman Institute Working Paper No. 2025-76.

3 〈연합뉴스〉, 신현송 "원화 스테이블코인, 외환거래 규정 무력화 지름길", 2025년 8월 21일자.

4 Chainalysis, 2025 Crypto Crime Trends: Illicit Volumes Portend Record Year as On-Chain Crime Becomes Increasingly Diverse and Professionalized, 2025년 1월 15일자

5 〈뉴시스〉, 신현송 "원화 스테이블코인, 자본 유출 우려…한강 프로젝트 유망", 2025년 8월 21일자.

6 〈South China Morning Post〉, Stablecoin scams, innovation put China's financial regulators in high-stakes balancing act, 2025년 7월 14일자.

7 〈Reuters〉, Central bank body BIS delivers stark stablecoin warning, Jun. 25, 2025.

8 FSB, G20 Crypto-asset Policy Implementation Roadmap, Oct. 22, 2024.

9 BIS, An approach to anti-money laundering compliance for cryptoassets, No 111, Aug. 13.

그림 1-1	http://teen.mk.co.kr/youth/youth01_01_view.php?c1=2&c2=104&c3=150&idx=467
그림 1-2	미 재무부 자료
그림 1-3	https://www.cbo.gov/system/files/2025-03/61181-Federal-Budget.pdf
그림 1-4	BIS, Stablecoins and safe asset prices, BIS Wroking Paper, May 2025.
그림 1-5	BIS, Stablecoins and safe asset prices, BIS Wroking Paper, May 2025.
표 1-1	자체 제작
표 1-2	자체 제작
그림 2-1	https://data.coindesk.com/
그림 2-2	자체 제작
그림 2-3	https://www.coindesk.com/markets/2021/04/20/during-bitcoins-latest-price-crash-tether-premium-shows-where-money-went
그림 2-4	https://cryptoslate.com/stablecoins-surpass-visa-and-mastercard-with-27-6-trillion-transfer-volume-in-2024/
그림 2-5	자체 제작
그림 3-1	https://www.mk.co.kr/news/economy/11335341
그림 3-2	https://www.coingecko.com/ko
표 3-1	https://www.digitaltoday.co.kr/news/articleView.html?idxno=592059
표 3-2	자체 제작
표 3-3	자체 제작
그림 맺음말-1	https://stock.mk.co.kr/news/view/775736
그림 맺음말-2	https://www.coingecko.com/ko
표 맺음말-1	자체 제작

스테이블 코인의 모든 것

초판 1쇄 2025년 10월 15일

지은이 조진형 이정환
펴낸이 허연
편집장 유승현

책임편집 고병찬
편집부 정혜재 김민보 이예슬 장현송
마케팅 한동우 박소라 임성아
경영지원 김정희 오나리
디자인 오성민

펴낸곳 매경출판(주)
등록 2003년 4월 24일(No. 2-3759)
주소 (04557) 서울시 중구 충무로 2(필동1가) 매일경제 별관 2층 매경출판(주)
홈페이지 mkbook.mk.co.kr   **스마트스토어** smartstore.naver.com/mkpublish
페이스북 @maekyungpublishing   **인스타그램** @mkpublishing
전화 02)2000-2610(기획편집) 02)2000-2646(마케팅) 02)2000-2606(구입 문의)
팩스 02)2000-2609 **이메일** publish@mkpublish.co.kr
인쇄·제본 ㈜M-print 031)8071-0961
ISBN 979-11-6484-815-7(03320)